図解 即 戦力

はじめて実務する人にも
カラーで見やすく親切！

産休・育休

の導入と実務が

これ
1冊で

しっかり
わかる本

女性と男性の働き方研究会
著

ドリームサポート社会保険労務士法人
監修

JN043762

技術評論社

はじめに

　2021年6月に「育児・介護休業法」が改正されました。改正の目的は、出産・育児を理由とする労働者の離職を防ぎ、希望に応じて男女ともに仕事と育児を両立できるようにする点にあります。厚生労働省が2021年度に集計した雇用均等基本調査によると、女性の育児休業取得率は85.1％であるのに対し、男性の育児休業取得率は13.97％でした。急速に進む少子化の流れからこのままでは社会保障制度が立ち行かなくなってしまう状況にあり、次世代を担う子どもたちを安心して生み育てるための環境を整えることが急務となっています。このような状況を踏まえ、2021年6月の法改正では、男性の育児休業取得促進のために「産後パパ育休（出生時育児休業）」制度が創設されたり、妊娠・出産の申出をした労働者に対する個別の周知・意向確認が義務付けられたりしました。これらの新制度は2022年4月1日から段階的に施行されています。

　本書を手に取られた方は、企業の実務担当者の方が多いことでしょう。産前産後休業と育児休業取得に関する業務は多岐にわたり、法改正も多いため、煩雑を極めています。本書は、これから初めて実務をされる方はもちろん、実務をある程度こなされているベテランの方も基礎知識を整理し、実務に対応できる内容になっています。書式の記入例も載せているので、実践的なものになっています。

　社内の育児休業の取得を促すためには、出産・育児を行う従業員への支援が必要です。そこで本書には、それらの休業制度を従業員向けにわかりやすく説明した「ワークルールブック」も載せております。本書と併せて活用して、従業員の方たちが働きやすい環境を整えてくだされば幸いです。

2023年4月
女性と男性の働き方研究会

■ 産休・育休カレンダー

	妊娠期	産前42日間	産後56日間

出産

労働基準法の制度

[女性従業員]

時間外労働・休日労働・深夜業の制限など

[女性

休業・給付金・保険料の制度

[女性従業員]

産前産後休業

[男性従業員]

出生時育児休業

出産育児一時金

出産手当金

社会保険料は会社・従業員ともに支払い免除

雇用保険料は給与の支払いがなければ発生しない

育児・介護休業法の制度

不利益取扱・ハラスメントの禁止

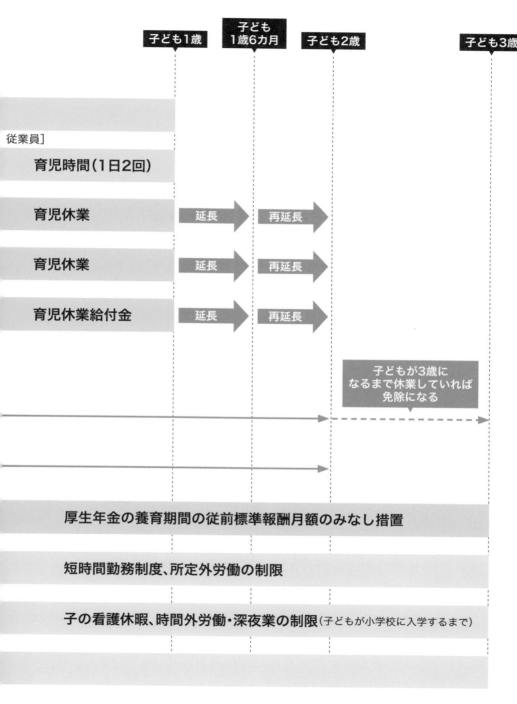

	子ども1歳	子ども1歳6カ月	子ども2歳	子ども3歳
従業員]				
育児時間(1日2回)				
育児休業	延長 →	再延長 →		
育児休業	延長 →	再延長 →		
育児休業給付金	延長 →	再延長 →		
			子どもが3歳になるまで休業していれば免除になる	
厚生年金の養育期間の従前標準報酬月額のみなし措置				
短時間勤務制度、所定外労働の制限				
子の看護休暇、時間外労働・深夜業の制限(子どもが小学校に入学するまで)				

CONTENTS

Chapter 1
産前産後休業・育児休業の基礎知識

COLUMN 1

Chapter 2
育児休業推進のカギ「男性育休」

Chapter 3
育児・介護休業規程を策定する

COLUMN 3

Chapter 4
従業員に提出してもらう社内書類を作成する

Chapter 5
産休・育休中の社会保険の手続き

Chapter 6
従業員に制度を説明する

Chapter 7
電子申請と届出状況の確認・訂正手続き

第1章

産前産後休業・育児休業の基礎知識

産前産後休業や育児休業の実務を行うには、複数ある制度や給付金の目的を理解して社内の規則を整備し、適切な時期に届出や手続きを行う必要が生じます。第1章では、休業制度の目的やしくみ、対象者について理解しておきましょう。

Chapter1
01

妊娠した女性の心身の変化を
ケアする法律がある

☑ 会社は妊娠した女性従業員のことをケアしなければならない
☑ 男性の育児休業取得も促進させる必要がある

🔵 国をあげて仕事と育児の両立をサポート

　会社は、育児をする必要がある従業員を支援し、仕事と家庭を両立できる環境を整備しなければなりません。これは育児・介護休業法で定められています。

　厚生労働省の雇用均等基本調査（2021年度）によると、女性の育児休業取得率は85.1％に達しました。過去10年ほど8割台で推移しており、約7割の女性が第1子出産後も就業継続している、という調査結果が出ているものの、「仕事と育児の両立が難しい」「家事・育児に時間を割きたい」などの理由から妊娠・出産を機に退職する女性もいます。

　そこで政府は、2022年4月1日より、育児休業を取得しやすい雇用環境整備、個別の周知・意向確認の措置を義務化しました。女性に限らず、男性も仕事と育児を両立できるように、会社は雇用環境を整備し、本人や配偶者の妊娠・出産の申出をした従業員に対して個別面談などをしなければなりません。

🔵 会社も妊娠した女性の健康に配慮を

　女性が妊娠し、出産することは心身ともに大きな負担を伴う出来事です。妊娠初期から心も体もデリケートになるため、出産前後は母体および胎児を含む子どもを保護する必要があります。そのため、労働基準法に限らず、男女雇用機会均等法や育児・介護休業法などでも、妊娠・出産・育児をサポートするための規定がなされています。

　男女ともに育児をしやすい環境を整えるためには、会社ごとに実情にあった施策を取らなければならないのです。

育児・介護休業法
育児・介護に携わる従業員について定めた法律。2021年6月に改正され、2022年4月1日から段階的に施行している。

労働基準法
労働条件の最低基準を定めている法律。

男女雇用機会均等法
職場における男女の差別を禁止し、男女とも平等に扱うことを定めた法律。

▶ 女性の育児休業取得率の推移

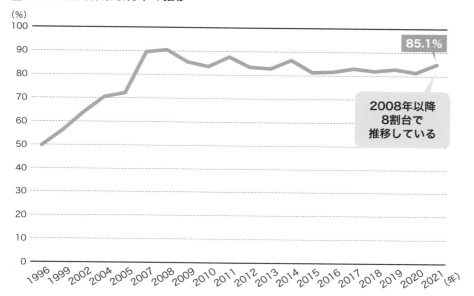

出所：厚生労働省「雇用均等基本調査」より編集部作成

▶ 第1子出産後の女性の就業変化

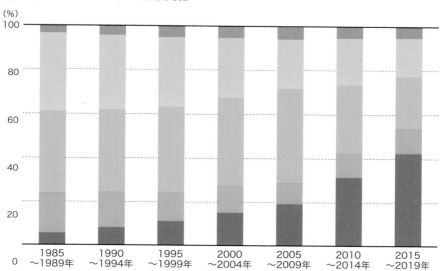

■就業継続（育児休業利用） ■就業継続（育児休業なし） ■出産退職
■妊娠前から無職 ■その他

出所：国立社会保障・人口問題研究所「第16回出生動向基本調査（夫婦調査）」より編集部作成

Chapter1 02

妊婦本人から申請されたら 働き方を変更する必要がある

☑ 妊娠中は働き方の変更を会社に申し出ることができる
☑ 会社が前もって妊婦の働き方を変える必要はない

妊産婦
妊娠中および産後1年を経過しない女性のこと。

法定労働時間
労働基準法で定められている労働時間の限度。原則として、1週40時間以内かつ、1日8時間以内とし、休日を1週に1日以上または4週に4日以上与えることとしている。

変形労働時間制
労働時間を、週単位・月単位・年単位で調整できる働き方のこと。一定期間を平均して、1週の労働時間が法定労働時間内であれば、1日8時間、1週40時間を超えて働かせることができる。

マタニティハラスメント
職場において行われる上司・同僚からの言動（妊娠・出産したことや育児休業、介護休業の利用などに関する言動）により、妊娠・出産した女性労働者や育児休業・介護休業等を申出・取得した男女労働者の就業環境が害されること。

妊娠中の働き方

妊娠中は妊婦本人も予測しえない体調不良が起きたり、お腹が大きくなることで、今までできていた仕事が行えなくなったりすることがあります。

そこで労働基準法では、母性保護のため、妊婦の労働について本人からの請求があったときの、軽易業務への配置転換、時間外労働・休日労働・深夜業の制限を定めています。

妊産婦本人から請求された場合に対応する

妊産婦本人からの請求があった場合、会社は1日8時間・週40時間の法定労働時間を超える時間外労働や休日労働、深夜労働を課すことはできません。変形労働時間制が取られる場合であっても、妊産婦が請求した際には、1日および1週間の法定労働時間を超えて労働させることはできません。また、妊娠すると長時間の立ち仕事や前屈み作業などを行うことが難しくなります。そのため、妊婦本人からの請求があった際には、ほかの軽易な業務に転換させる必要があります。

これらの対応は、あくまでも「本人からの申請があった場合」です。妊娠している従業員を気遣うばかりに、事前に相談することもなく軽易な業務へ転換などをさせると、マタニティハラスメントとみなされてしまう恐れがあります。あくまでも、本人から申請されたときのみの対応にとどめておきましょう。

また、飲食店や小売店の従業員、介護職や看護師など業務の性質上、軽易な業務への転換などが難しい場合には、休憩時間を増やすなどの配慮をするなど、別の方法で従業員の負担を軽減できるようにしましょう。

▶ 労働基準法による母性保護の内容

項目	概要
産前産後休業	原則として出産前6週間※、出産後8週間、女性従業員に与える休業
軽易な業務への転換	妊娠中の女性従業員の軽易な業務への転換※
妊産婦等の危険有害業務の就業制限	妊産婦等の妊娠、出産、哺育等に有害な業務への就業の禁止
妊産婦に対する変形労働時間制の適用制限	妊産婦の変形労働時間制の適用禁止（フレックスタイム制はOK）、法定労働時間を超える労働の禁止※
妊産婦の時間外労働、休日労働、深夜労働の制限	妊産婦の法定時間外労働、休日労働または深夜労働の禁止※
育児時間	1歳未満の子どもを育てる女性従業員に与える、1日2回各30分以上の育児をする時間※

※本人が請求したとき

▶ 母性保護が適用される期間

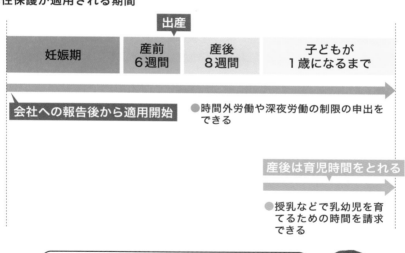

産後休業を除き、母性保護に関する対応は、あくまでも従業員本人から請求されたときのみ応じればよいとされています。また業務の性質上、軽易な業務への転換が難しい場合は無理に軽作業を作らなくても問題ありません

Chapter1 03

妊婦が受けた健康診断の
指導事項を守らせる必要がある

☑ 会社には妊娠した女性従業員の健康を管理する義務がある
☑ 母性健康管理指導事項連絡カードで医師の指示を確認する

会社が妊娠した女性の健康を管理する

　男女雇用機会均等法では、会社が母性健康管理をする必要があると定めています。妊娠した女性従業員から請求されれば、妊婦健診の受診時間を確保できるように働きかけなければなりません。

　また、妊娠中は、仕事に影響を与えるほど身体に症状が出てくることがあります。従業員が妊婦健診を受け、主治医などから何らかの指導を受けたときには、その指導を守ることができるように会社は必要な措置を講じなければなりません。その際、主治医などからの指導内容を会社に的確に伝えられるよう「母性健康管理指導事項連絡カード」が提出されることがあります。

働き方に合わせた給与の取扱を設定する

　「母性健康管理指導事項連絡カード」に書かれた内容を踏まえて会社が対応すべき措置は、勤務時間の短縮や休憩時間の延長、症状が重い場合は休業など、個人の体調に合わせて異なります。ですが、すべてを個別事情に合わせていると、一緒に働いているほかの従業員からは不平・不満が出てくることも考えられます。そこで、あらかじめ会社として一定のルールや給与の取扱を就業規則に定めたうえで、対応することが望ましいでしょう。

　たとえば、給与の支払については「ノーワーク・ノーペイ」の原則があるので、短時間勤務や休憩時間を延長することにより勤務時間が減るのであれば、その分の給与は発生しないこととしてもかまいません。したがって、時間単位で給与計算をした結果、給与が下がることも給与規程や育児・介護休業規程に定めておき、従業員に周知しておきましょう。

母性健康管理指導事項連絡カード
主治医などが行った指導事項の内容を、妊産婦である女性従業員から会社へ的確に伝えるためのカード。記入は主治医などが行う。厚生労働省のホームページからダウンロードできる。

▶ 男女雇用機会均等法による母性健康管理の内容

項目	概要
妊婦健診の受診時間の確保	母子保健法に定められている保健指導または健康診断を受ける時間の確保
保健指導・健康診断の指導事項を守るための措置	妊婦健診での主治医などの指導事項を守るために必要な措置

▶ 母性健康管理指導事項連絡カードの使用方法

③母性健康管理指導事項連絡カードを提出し、必要な措置を申し出る

①健診などを受診

妊娠中・出産後の女性従業員

会社

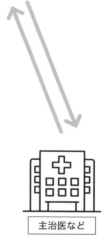

主治医など

④申出に基づき、措置を講じる

②母性健康管理指導事項連絡カードを発行する

従業員から母性健康管理指導事項連絡カードを受け取ったら、会社は必ず、その内容に応じて適切な措置を講じなければなりません

Chapter1 04 男女雇用機会均等法で定められている

妊娠・出産・育児を理由とした不利益取扱は禁止

☑ 男女問わず、妊娠・出産・育児などを理由とした処遇の引き下げは禁止
☑ ハラスメントに対して適切な対応をしなければならない

不利益取扱とは

妊娠したことや出産したこと、育児休業を取得したことなどを理由に、解雇や雇止め、減給、降格などといった不利益な取扱・マタニティハラスメントをすることは、法律で禁止されています。

また、会社はハラスメントが生じないように、防止措置を講じる義務があります。ハラスメントについては、従業員個人の問題としてとらえがちですが、雇用管理上の問題としてとらえて、会社が適切な対応を取ることが求められます。

具体的には、相談窓口を設置して従業員に周知することが必要です。ハラスメントと感じる程度には個人差がありますが、些細なことでも相談窓口に相談してもらうことで、ハラスメントの発生防止につなげることができます。

ハラスメント
人に対する嫌がらせやいじめなどの迷惑行為のこと。職場における育児休業などに関するハラスメントとは、各種制度などに対する申出・利用に関する言動により、就業環境が害されることを指す。

男性に対しての不利益取扱も禁止対象に

育児・介護休業法の改正により、2022年4月1日からは「本人または配偶者の妊娠・出産の申出」、10月1日からは「産後パパ育休の申出・取得等」も不利益取扱の禁止対象として追加されています。女性従業員だけではなく、育児休業を取得するなどした男性従業員への不利益取扱も違法ということです。

男性の育児休業取得件数は年々増えつつありますが、まだ社内の理解が追い付いていない企業も多く、「男のくせに」などという言葉も投げかけられやすいのが実情です。会社としては、社内研修や積極的な周知などを通して、従業員に理解を深めてもらえるよう努めていきましょう。

020

▶ マタニティハラスメント（マタハラ）の種類

| 制度などの利用への嫌がらせ型 | 状態への嫌がらせ型 |

育休を取りたいのですが…

男なのに育児のために休むの？

妊婦さんはこの会議に参加しなくていいよ

妊娠・出産・育児に関連する制度利用を阻害する嫌がらせ

妊娠・出産・育児による就労環境を害する嫌がらせ

出所：厚生労働省「あかるい職場応援団」より編集部作成

▶ 職場におけるマタハラを防止するために講ずべき主な措置

措置	具体例
マタハラ禁止の方針の明確化・社内での周知	マタハラは許さないことを明確に伝え、就業規則などでマタハラ禁止を明確にする
マタハラについての相談体制の整備	マタハラに関する相談担当者・相談部署を定めて、従業員全員に周知する
マタハラの相談が発生したときの適切な対応	事実関係を迅速かつ正確に確認し、事実確認ができた場合には、速やかに被害者に対する配慮の措置を適正に行う
マタハラの背景要因を解消するための措置	業務体制の整備など、会社や妊娠した従業員、その他の従業員の実情に応じ、必要な措置を講ずる
マタハラの相談をした際のプライバシー保護などのルール周知	相談者・行為者等のプライバシーを保護するために必要な措置を講じ、周知する

出所：厚生労働省「職場における妊娠・出産・育児休業・介護休業等に関するハラスメント対策やセクシュアルハラスメント対策は事業主の義務です！！」より編集部作成

Chapter1 05

妊娠・出産・育児を理由とした不利益取扱の具体例

- ☑ 本人の希望や同意がない処遇の引き下げは不利益取扱とみなされる
- ☑ 過度な配慮も不利益取扱とみなされることがある

不利益取扱の判断基準

解雇や雇止め、降格の理由が「妊娠・出産・育児」であると判断された場合はすべて「不利益取扱」になります。

ただし、過度に配慮し過ぎてしまっても不利益取扱とみなされてしまうこともあります。たとえば、業務が大変だろうからと降格させる、営業職の女性を内勤の総務に異動させる、などというケースです。本人の希望や同意があれば問題ありませんが、会社の一存でこのような対応をしてしまうと、不利益取扱と判断されてしまいます。

育児休業中でも密なコミュニケーションを

原職復帰
育児休業や介護休業は雇用契約を変更することなく休業する権利であるため、休業後に職場復帰をする際には職務や勤務内容に変更がないのが原則となる。

育児休業からの復職については、原職復帰が原則になります。ですが、規模が小さい会社だと、休業に入る際に新しく人を採用して、休業に入った従業員の業務に対応することもあるでしょう。そうしたときに、育児休業を取得していた従業員が復職する際、「戻る場所がない」というのもよく聞く話です。必ずしも原職に復職させなければならないという決まりではありませんが、復職後の業務内容によって給与が下がる、勤務地が変更になるなどといった場合は、不利益取扱とみなされます。

一般的に、休職からの復職は"浦島太郎状態"になりがちです。そのため、育児休業中も定期的に会社の情報を提供するなどしてコミュニケーションを取ることで、スムーズに復職できるでしょう。また、保育所の申し込みをする秋ごろになると、働くことを実際に意識し始めます。そのころから、復帰の段取りを段階的に準備していくのがよいでしょう。

▶ 不利益取扱の例

①解雇

育休を取りたいと相談したところ、経営悪化を理由に解雇された。

②契約打ち切り

契約更新を前提としていたのに、妊娠の報告をしたら雇止めされた。

妊娠・出産した従業員本人の希望や同意なしに処遇を決定することは、不利益取扱とみなされます

▼国が示している不利益取扱の例

・あらかじめ契約の更新回数の上限が明示されている場合に、当該回数を引き下げること

・退職、または正社員をパートタイム従業員等の非正規雇用社員とするような労働契約内容の変更を強要すること

・就業環境を害すること

・自宅待機を命ずること

・従業員が希望する期間を超えて、その意に反して所定外労働の制限、時間外労働の制限、深夜業の制限または所定労働時間の短縮措置等を適用すること

・降格させること

・減給をし、または賞与等において不利益な算定を行うこと

・昇進・昇格の人事考課において不利益な評価を行うこと

・不利益な配置の変更を行うこと

・派遣労働者として就業する者について、派遣先が当該派遣労働者に係る労働者派遣の役務の提供を拒むこと

Chapter1
06

働く女性の母体を守る
産前産後休業の概要

☑ 産前は従業員から申請があれば休ませる
☑ 産後は申請の有無にかかわらず必ず休ませなければならない

産前産後休業は14週間取れる

　出産をする女性従業員は、出産予定日の前後に休業することが労働基準法で認められています。それが、産前産後休業です。

　産前休業は出産に備えるための休業であり、出産前6週間（多胎妊娠の場合は14週間）以内の従業員が休業を申請した場合は休業させなければなりません。

　産後休業は身体を回復させるための休業であり、会社は出産した従業員に対して必ず取得させる義務があります。産後8週間を経過していない従業員を就業させることはできませんが、産後6週間を経過し、本人が働くことを希望した場合で、医師が「就業させても問題ない」と認めた業務に限り、就業が認められています。

出産日も産前休業に含まれる

出産予定日
最終月経開始日を0週0日として、40週0日にあたる日。

　産前休業期間は出産予定日を基準に算定されますが、自然分娩の場合、必ずしも予定日に出産するとは限りません。出産日が予定日に対して前後した場合には、産前休業期間は実際の出産日までとなり、出産日の翌日からの8週間が産後休業の扱いになります。たとえば出産日が予定より1週間延びて、産前休業期間の6週間を超えて休んだ分も、産前休業に含まれます。また、双子の出産が2日以上にわたったケースでは、2人目を出産した日を出産日とします。実際の出産が予定日より遅れたとしても、産後（出産日の翌日）から8週間は必ず、産後休業として確保されるのです。

　なお、企業によっては法を上回り、6週間よりも前から産前休業を認めている場合もあります。

▶ 産前産後休業に関する取り決め

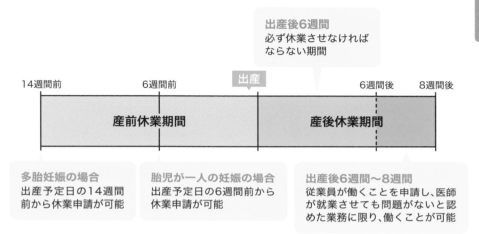

▶ 産前産後休業の取得期間

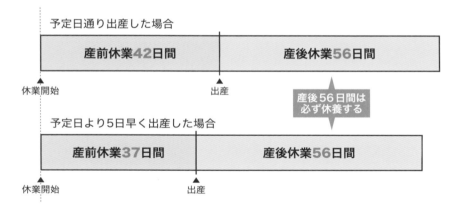

MEMO

多胎妊娠時の産前産後休業

双子や三つ子など多胎妊娠は、早産が多く、出産時のリスクも高まります。そのため産前には、出産予定日の14週前である妊娠26週から休暇を取得できます。なお、産後休業期間は単胎妊娠と同様、8週間となっています。産後休業の開始日は、双子の場合は2人目が生まれた次の日、三つ子の場合は3人目が生まれた次の日になります。

Chapter1 07

産前産後休業中の
給与の扱いと給付金

- ☑ 休業中、会社は給与を支払う必要はない
- ☑ 無給の場合は健康保険より出産手当金が給付される

産前産後休業中もノーワークノーペイ

産前産後休業中の給与については、従業員が働いていないのであれば給与を支払う必要はありません。産前産後休業中の給与の支払いについては労働基準法による規定はないため、産前産後休業中に給与を支払うか否かは会社の就業規則によって異なります。

産前産後休業中の給与を支払わないという規則を会社が設けている場合、産前産後休業中の収入については健康保険の「出産手当金」によって補償されます。

出産手当金を受給するための要件は以下の2点です。

①健康保険の被保険者であること

②出産のために会社を休み給与が支払われないこと

出産手当金の1日あたりの支給額は「支給開始日の以前12カ月間の各月の標準報酬月額を平均した額÷30日×2/3」で算出します。また、出産日が予定日よりも遅れた場合は、その遅れた期間についても出産手当金が支給されます。

また、子ども1人を出産するにつき、50万円（産科医療補償制度に加入していない医療機関で出産した場合は48万8000円）の「出産育児一時金」を受けることができます。多胎児を出産したときは、胎児数分の一時金が支給されます。

休業中の社会保険料の扱い

産前産後休業中の社会保険料については会社・従業員ともに免除となりますが、被保険者であることには変わりないので、健康保険証は変わりなく使用することができます。

また、将来の年金額の計算は、この期間の保険料は納めたものとして扱われます（詳細は212ページ参照）。

出産手当金
妊娠した女性従業員が会社に申請し、会社が協会けんぽ・健康保険組合に届け出ることで給付を受けられる。

出産育児一時金
支給方法には「直接支払制度」と「受取代理制度」があるが、妊娠した女性従業員本人が協会けんぽまたは健康保険組合へ全額を請求することもできる。

▶ ノーワークノーペイの考え方

従業員

労務の提供
賃金の支払い

会社

企業は労働の対価として従業員に賃金を支払うと定められている
➡ノーワークノーペイの原則

[従業員が1時間遅刻したときの賃金の発生の仕方]

本来の始業時刻　実際の始業時刻
　10時　　　　　 11時

1時間遅刻

終業時間まで労務を提供

会社は従業員が労務を提供しなかった10時～11時の1時間分の賃金を支払わなくてもよい

▶ 産前産後休業中の経済的支援

出産手当金

原則として（標準報酬月額÷30）×2／3が支給される

保険の種類
健康保険

届出先
協会けんぽ
健康保険組合

出産育児一時金

一児につき50万円（または48万8000円）が支給される

保険の種類
健康保険

届出先
協会けんぽ
健康保険組合

出産費貸付制度

出産育児一時金の8割相当額を限度に、1万円単位で無利子で借りられる

保険の種類
健康保険

届出先
協会けんぽ
健康保険組合

出産費貸付制度は、出産育児一時金の支給を受けるまでのあいだに出産費用の支払いにあてるための資金を貸付する制度です。出産予定日まで1カ月以内の人もしくは、妊娠4カ月以上で病院に一時的な支払いを必要とする人が申し込めます

Chapter1 08

子育てと仕事の両立を支援する育児・介護休業法の概要

☑ 子どもが1歳になるまで育児休業を取得できる
☑ 労使協定により対象者を限定している可能性がある

育児休業取得の条件

　育児や介護による離職を防止し、仕事と育児・介護を両立しやすくするための法律が「育児・介護休業法」です。少子高齢化が進み、社会で労働人口が減少する中、従業員が育児や介護をしながらでも働き続けることができるように、会社が職場の環境を整える目的で制定されました。

　育児が必要となった従業員は、原則として1歳に満たない子を養育するため育児休業を取得することができます。

　ただし、有期雇用労働者などは、「子どもが1歳6カ月に達する日までに労働契約が終了し、更新されないことが明らかでないこと」という要件を満たさなければ、育児休業を取得することができません。また、会社によっては、労使協定により、入社1年未満の従業員や1週間の所定労働日数が2日以下の従業員を育児休業の対象外としていることもあります。

育児休業給付金の給付額

　育児休業中の給与は無給となることが一般的です。雇用保険に加入していれば申請することにより「育児休業給付金」が支給されます。育児休業給付金の額は、最初の180日分は給与額の約67％、それ以降は約50％となります。

　育児休業給付金は、産前休業開始日などを起算点として、その日の前2年間に就業日数が11日以上の月が12カ月以上あることが支給要件になっています。雇用保険に加入していなかったり、雇用保険加入期間が12カ月未満だったりする場合には支給されないので、受給資格があるかどうかを確認してから説明するのがよいでしょう。

育児休業給付金
原則1歳未満の子を養育するために育児休業を取得した場合、一定の要件を満たすと受給できる給付金のこと。

▶ 育児・介護休業法に定められている育児支援内容

項目	概要
出生時育児休業	出生後8週間以内の子どもを養育するために取得できる休業
育児休業	原則として1歳までの子どもを養育するために取得できる休業
子の看護休暇	小学校入学前までの子どもを養育する従業員は、年5日（2人以上の場合は年10日）、1日または時間単位で子の看護休暇を取得することが可能
所定外労働の制限	3歳までの子どもを養育する従業員が請求した場合、所定労働時間を超える労働を免除する
時間外労働の制限	小学校入学前までの子どもを養育する従業員が請求した場合、法定労働時間を超える労働を1カ月24時間、1年150時間までとする
深夜業の制限	小学校入学前までの子どもを養育する従業員が請求した場合、深夜労働（22時から翌5時まで）を免除する
育児短時間勤務	3歳までの子どもを養育する従業員に、短時間勤務の措置（1日原則6時間）を講じることを会社に義務付け

▶ 育児休業給付金のしくみ

育児休業開始

1日目〜180日目

対象者	1歳に満たない子どもを養育している雇用保険の被保険者
支給期間	子どもが1歳になるまで（最大2歳になるまで）
支給額	育児休業開始時の賃金日額※×支給日数×67%

181日目以降

対象者	1歳に満たない子どもを養育している雇用保険の被保険者
支給期間	子どもが1歳になるまで（最大2歳になるまで）
支給額	育児休業開始時の賃金日額※×支給日数×50%

> 1カ月に満たない最後の支給単位期間の支給額
> 育児休業開始時の賃金日額×支給日数(暦の日数)×67％＝給付金
> （181日目からは50％）

※賃金日額には上限がある。令和4年度は1万5190円（毎年8月に改定される）

2017年10月に改正

子どもが保育所に入れない場合は育児休業を延長できる

☑ 最大子どもが2歳になるまで延長できる
☑ 延長には別途申請が必要となる

育児休業の延長の要件

育児休業は原則として子どもが1歳の誕生日の前日までの間で希望する時期に取得できるものです。しかし、①保育所への入所を希望しているが入れない、②子どもを育てる予定だった配偶者が死亡やけが、病気、離婚などによって育児をすることが難しい場合などには、子どもが1歳6カ月になるまで育児休業の期間を延長できます。また、1歳6カ月を過ぎても①②の問題がある場合には、2歳になるまでさらに延長できます。

延長の手続き

育児休業の延長手続きは、1歳6カ月になるまでの延長は1歳になる誕生日の2週間前までに、2歳になるまでの延長は1歳6カ月になる翌日の2週間前までに申請する必要があります。

提出書類は延長理由により異なります。①の場合は「保育所入所保留通知書」と呼ばれる証明書を提出します。復職するために保育所に入所申し込みをしたものの落選した、という経緯を証明する必要があるので、落選した際に発行される保育所入所保留通知書が必要なのです。

②の場合は、世帯全員の住民票のコピーと母子健康手帳、保育を予定していた人の状態に関する医師の診断書等が必要になります。

なお、保育所が見つからないなどの事情があって育児休業を延長した場合、育児休業給付金の支給も延長されます。延長の申請時には待機児童証明書などの書類が必要になるので注意しましょう。

保育所入所保留通知書
保育施設などへの入所申し込みをするも、入所できないと決定された際に市区町村が発行する書類。

待機児童証明書
市区町村で発行される証明書のこと。保育所へ入所希望済みの子どもが、証明書発行を希望する月に待機児童であったことを証明する書類である。

▶ 育児休業の延長が認められる事例

［事例1］

保育所の入所申し込みに行ったら、各月の1・11・21日が利用開始日だった。10月29日が子どもの誕生日のため10月21日からの入所申し込みを行ったが、定員超過のため入所できなかった

→ 子どもの1歳の誕生日以前に申し込みをしているから延長対象になる

［事例2］

保育所に問い合わせたところすでに定員超過のため入所は困難であると説明されたため、入所申し込みを行わなかった

→ 申し込みを行っていないから**延長対象にならない**

特別な事情を除き、育児休業の延長を認められるには「しかるべきタイミング」で「入所申し込みをした」という事実がなければなりません

▶ 育児休業の延長と保育所申し込みのタイミング

出産　産後8週間　　　　　　　　　　　　　　　　　　　子どもが1歳

産後休業　　育児休業

入所申し込み（入所希望日を1歳の誕生日前とする）　　保育所入所保留通知書が届く

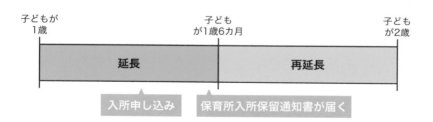

子どもが1歳　　　子どもが1歳6カ月　　　子どもが2歳

延長　　再延長

入所申し込み　　保育所入所保留通知書が届く

2022年4月から改正施行

仕事と育児の両立を推奨する
育児・介護休業法の改正

☑ 有期雇用労働者も育児休業を取得しやすくなった
☑ 男性の育児休業取得を促す制度が新設された

法改正の5つのポイント

　育児・介護休業法が改正されることで、育児や介護と仕事の両立をめぐる環境は、以前よりも改善されてきました。しかし、厚生労働省委託事業「両立支援に係る諸問題に関する総合的調査研究」によると、女性の離職理由のトップには「仕事と育児の両立の難しさ」が挙げられており、仕事と家庭の両立支援はまだまだ十分ではないといえます。そこで、育児休業がより取得しやすくなるよう、また男性の育児休業の取得促進を目的に2022年4月から段階的に育児・介護休業法が改正施行されました。

　2022年4月の改正では、①雇用環境の整備、育児休業の周知や意向確認の義務化、②有期雇用労働者の育児・介護休業取得の要件緩和、2022年10月には③産後パパ育休の新設、④育児休業の分割取得、2023年4月には⑤育児休業取得状況の公表義務化（従業員数1000人超の企業）がなされました。中でもポイントとなるのが、②有期雇用労働者の育児・介護休業取得の要件緩和と、③産後パパ育休の新設です。

取得条件を撤廃

　改正前は、有期雇用労働者が育児休業を取得する際「（現在の会社で）引き続き雇用された期間が1年以上」という条件がありました。改正後はこの「1年以上」という条件が撤廃され、「子どもが1歳6カ月までの間に契約が満了することが明らかでないこと」が育児休業の取得要件となっています。つまり、入社1年未満の有期雇用労働者であっても、育児休業を取得できる対象になったのです。

有期雇用労働者
会社と、半年や1年などの期間を定めた労働契約を締結している労働者のこと。「契約社員」「嘱託社員」などと呼ばれることもある。

▶ 育児・介護休業法の比較

	育児休業制度 （改正前）	育児休業制度 （2022年10月1日以降）	産後パパ育休 （2022年10月1日以降）
対象期間 取得可能日数	原則子が 1歳（最長2歳）まで	原則子が 1歳（最長2歳）まで	子の出生後8週間以内に4週間まで取得可能
申出期間	原則1カ月前まで	原則1カ月前まで	原則休業の2週間前まで
分割取得	原則分割不可	分割して2回取得可能 （取得の際にそれぞれ申出）	分割して2回取得可能 （始めにまとめて申し出る必要あり）
休業中の就業	原則就業不可	原則就業不可	労使協定を締結している場合に限り、従業員が合意した範囲で休業中に就業することが可能
1歳以降の延長	育児休業開始日は1歳、1歳半の時点に限定	育児休業開始日を柔軟化	
1歳以降の再取得	再取得不可	特別な事情がある場合に限り再取得可能	

男性女性ともに休業しやすくなりました

MEMO

労使協定

労使協定とは、事業者ごとに労働者の過半数で組織する労働組合があるときはその労働組合、労働者の過半数で組織する労働組合がないときは、労働者の過半数を代表する者と事業主との書面による協定をいいます。労働条件等について協定を締結することにより、本来、法令違反となる行為であっても罰せられないという効果を生みます。労使協定の代表的なものが「36（サブロク）協定」です。労働基準法において定められている就業時間限度は「1日8時間・週40時間」ですが、36協定を結んでいれば、協定の範囲内で時間外労働や休日出勤が認められます。

第1章　産前産後休業・育児休業の基礎知識

出産育児一時金の支給額が増額

年々高騰する出産費用を補うための給付金

2023年4月より「出産育児一時金」の支給額が、産科医療補償制度に加入している医療機関で出産する場合、42万円から50万円に引き上げられました。産科医療補償制度に加入していない医療機関や海外で出産する場合も、40.8万円から48.8万円に引き上げられています。増額の背景にあるのは出産費用の増額と少子化対策です。

出産費用は年々増え続けており、2011年以降5万円以上増えているといわれています。2021年時点での出産費用は、入院料や分娩料、新生児管理保育料など合計して平均約47万3000円ほどかかります（厚生労働省調べ）。出産する施設や地域によりばらつきがあり、都道府県別でもっとも高いのは東京都の56万5000円、もっとも低いのは鳥取県の35万7000円でした。

出産時にかかる費用でもっとも大きいのは分娩料です。医師や助産師の技術料、分娩時の介護・介助料にあたります。正常分娩の場合、分娩料が出産費用の半分以上を占めるといわれています。ほかに入院料や休日・深夜の割増料金がかかることもあり、これらすべての費用が「自費」となります。

1994年に創設された出産育児一時金制度ですが、当時の支給額は30万円、その後引き上げられ、42万円になったのは2009年のことでした。今回の引き上げに伴い、2024年4月からは75歳以上の人が加入する後期高齢者医療制度からも財源を捻出し、一時金全体の3.5％を賄います。

なお、被保険者が退職し資格喪失した後の出産であっても、出産育児一時金の支給を受けることができます。受給要件は下記の2点です。

①資格を喪失した日の前日（退職日など）までに1年以上（任意継続被保険者期間は除く）継続して被保険者であること

②資格喪失後6カ月以内の出産であること

第2章

育児休業推進のカギ「男性育休」

2021年6月に育児・介護休業法が改正され、育児休業を取得しやすい雇用環境の整備が進められるとともに、男性の育児休業取得促進のために新しい制度が設けられました。なぜ政府が男性の育児休業を促進するのか、その背景と法改正の内容を理解しましょう。

Chapter2 01

政府が男性育児休業を推進する目的と理由

☑ 男性の育児休業の取得を促すことが少子化対策につながる
☑ 日本の男性の育児時間は国際的に見て低水準である

国が行う子育ての環境整備

厚生労働省によると、2021年度の育児休業取得率は女性が85.1%だったのに対して、男性は13.97%と低い取得率でした。また、急速に進む少子化の流れから社会保障制度が立ち行かなくなってしまう状況にあり、次世代を担う子どもたちを安心して生み育てるための環境を整えることが急務となっています。

このような状況を踏まえ、「男性育休」の取得推進の検討が進み、2021年6月3日、「改正育児・介護休業法」が賛成多数で可決・成立され、2022年から実施されました。

国際的に見た日本の現状

国際的に、夫の家事・育児時間が長いほど妻の継続就業割合が高く、第二子以降の出生割合も高い傾向にある一方で、日本における6歳未満の子どもを持つ男性の家事・育児関連時間は1時間程度と、国際的に見て低水準にあります。こうした状況を踏まえ、女性の仕事と子育ての両立の負担を軽減し、女性の継続就業を図るため、また、男性の子育ての重要な契機とするために、政府は男性の育児休業の取得を促進しているのです。

2019年12月には「第2期『まち・ひと・しごと・創生総合戦略』」が閣議決定され、2025年までに男性の育児休業取得率30%を目標にするとしています。なお、育児休業は育児・介護休業法に基づく従業員の権利です。そのため、性別問わず従業員から申出があった場合には、会社は法律で定められた通りもしくは法律を上回った要件で認めなければなりません。申出を拒否することは明確な法律違反となります。

まち・ひと・しごと・創生
人口急減・超高齢化という大きな課題に対し、将来にわたって成長し続けられる活力のある日本社会を維持するために政府が一体となって行う政策のこと。

▶ 男性の育児休業取得率

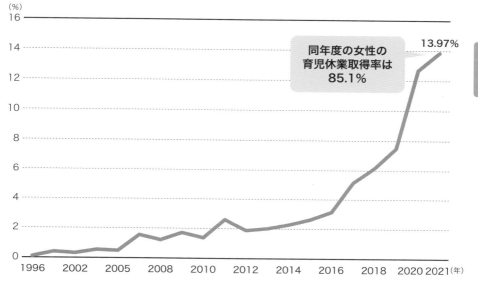

吹き出し：同年度の女性の育児休業取得率は 85.1%

グラフ右端ラベル：13.97%

縦軸（%）：16, 14, 12, 10, 8, 6, 4, 2, 0
横軸（年）：1996, 2002, 2005, 2008, 2010, 2012, 2014, 2016, 2018, 2020, 2021

出所：厚生労働省「雇用均等基本調査」より編集部作成

▶ 国際的にみる男性の家事・育児関連時間

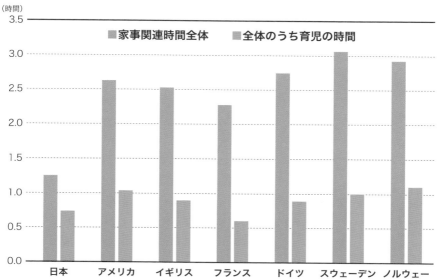

凡例：■家事関連時間全体　■全体のうち育児の時間

縦軸（時間）：3.5, 3.0, 2.5, 2.0, 1.5, 1.0, 0.5, 0.0
横軸：日本, アメリカ, イギリス, フランス, ドイツ, スウェーデン, ノルウェー

出所：総務省「社会生活基本調査」より編集部作成

男性の育児と仕事の両立に関する制度と周囲の理解

- ☑ 雇用環境が整っておらず育児休業を取れない男性従業員がいる
- ☑ 育児休業を取得しない従業員の理解を得るのが難しい場合がある

男性育児休業の現状

　厚生労働省委託事業「令和2年度 仕事と育児等の両立に関する実態把握のための調査研究事業報告書」によると、出産・育児のために休暇・休業の取得を希望していた正社員の男性のうち、育児休業制度の利用を希望して実際に利用した割合は、19.9％となっています。育児休業制度の利用を希望していたが、利用しなかった割合は37.5％にのぼりました。制度を利用しなかった理由には、「会社で育児休業制度が整備されていなかったから」などが挙げられています。雇用環境が整っていないがゆえに、従業員が休業を取得できない状況にあるのです。

　従業員には、妊娠・出産・育児の経験がない人、子どもがいても男性の育児参加に消極的な考えを持っている人もいます。そうした価値観から、妊娠した従業員に心ない言葉をかけたり、制度を理解せずに独断的な行動を取ったりと、問題となることがあります。そのため、男性従業員から育児休業に関する相談を受けたときの対応策を会社として提示しておくことが重要になります。

制度の活用における注意点

　育児・介護休業法には育児休業のほか、育児を支援する制度として、育児短時間勤務、所定外労働の制限、時間外労働の制限、深夜業の制限などの制度が設けられています。

　これらの制度の中では、育児短時間勤務を利用したいという希望が多いですが、職場の人員の関係で短時間勤務の運用が困難な状況も発生します。そのため、育児支援制度を活用する従業員の働き方をなるべく早く確立するようにしましょう。

育児短時間勤務
3歳までの子を養育する従業員が、原則6時間、所定労働時間として働くことができる制度。

▶ 育児休業の取得状況と取得希望（男性・正社員）

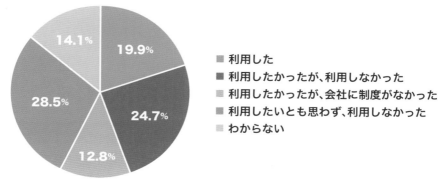

- ■ 利用した
- ■ 利用したかったが、利用しなかった
- ■ 利用したかったが、会社に制度がなかった
- ■ 利用したいとも思わず、利用しなかった
- ■ わからない

出所：厚生労働省委託事業「令和2年度　仕事と育児等の両立に関する実態把握のための調査研究事業報告書」より編集部作成

制度を利用したくても利用できなかった人が37.5%もいました

▶ 育児休業を利用しなかった主な理由

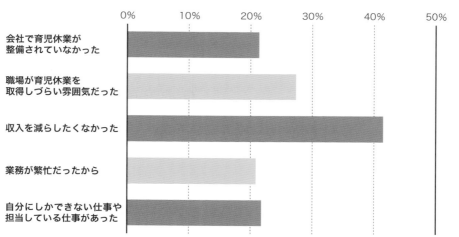

出所：厚生労働省委託事業「令和2年度 仕事と育児等の両立に関する実態把握のための調査研究事業報告書」より編集部作成

2022年10月1日より施行

男性が４週間取得できる 産後パパ育休（出生時育児休業）

☑ 男性が、子どもの出生後8週間以内に取得できる育児休業
☑ 2回に分割して取得することもできる

● 男性版産休とも称される制度の概要

2022年10月1日の育児・介護休業法の改正では、男性の育児休業の取得促進を目的として、育児休業とは別に取得可能な「産後パパ育休（出生時育児休業）」が新たに創設されました。

これまでは、通常の育児休業のほかに「パパ休暇」と「パパ・ママ育休プラス」という制度がありました。このうち、「パパ休暇」については法改正に合わせ廃止されています。「パパ・ママ育休プラス」は、夫婦がともに育児休業を取得することで、育児休業期間を1歳2カ月まで延長できるという制度です。こちらは今回の改正後も継続されています。

● 「産後パパ育休」は柔軟な取得が可能

産後パパ育休（出生時育児休業）は育児休業とは別に取得可能な休暇で、子どもの出生後8週間以内に4週間まで取得できます。

必要に応じて2回まで分割取得が可能ですが、分割取得する場合は、始めの申請時にまとめて申し出る必要があります。1回目の申出のあとに新たに申出があったときは、会社はあとからされた申出を拒否することができます。

また、出産予定日よりも早く子どもが生まれたなど一定の事情があるときには、休業開始日の繰り上げが認められています。加えて、従業員が申し出たときには、事情を問わず出生時育児休業1回につき1回まで終了予定日の繰り下げも認められています。

従業員は、前日まで休業の申出を撤回することもできます。ただし、一度申出を撤回した場合、撤回した休業は取得したものとみなされてしまうため、再度申し出る際には2回目の取得の申出となるので注意しましょう。

パパ・ママ育休プラス
両親がともに育児休業を取得して要件を満たした場合、対象となる子が1歳2カ月になるまで育児休業の取得期間が延長される制度のこと（詳細は46ページ参照）。

パパ休暇
妻の産後8週間以内に夫が育児休暇を取得した場合、特別な事情の有無を問わず2回目の育児休業を取得できる制度。2022年9月30日をもって廃止された。

▶ 産後パパ育休の概要

項目	概要
対象期間・取得可能日数	子の出生後8週間以内に4週間まで取得可能
申出期限	原則休業の2週間前まで
取得方法	分割して2回取得可能（始めにまとめて申し出ることが必要）
休業中の就業	労使協定を締結している場合に限り、従業員が合意した範囲で休業中に就業することが可能

▶ 産後パパ育休の取得例

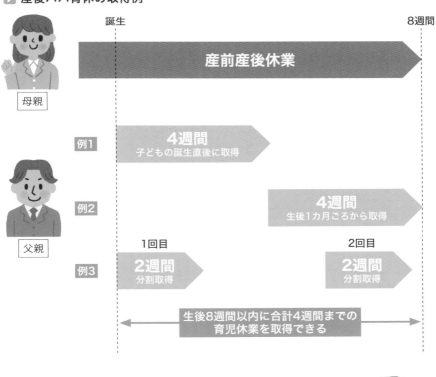

誕生　　　　　　　　　　　　　　　　　　　　　　　　　8週間

産前産後休業

母親

例1　**4週間**　子どもの誕生直後に取得

例2　**4週間**　生後1カ月ごろから取得

父親

例3　1回目　**2週間**　分割取得　　　2回目　**2週間**　分割取得

生後8週間以内に合計4週間までの
育児休業を取得できる

家庭の事情に合わせて柔軟
に取得できるのが産後パパ
育休の魅力です

Chapter2
04

限定的に働ける
産後パパ育休中の就業

☑ 産後パパ育休中でも手続きをすれば働ける
☑ ただし就業日数・時間には上限がある

📍 産後パパ育休中の就業を認める

産後パパ育休

法律上の制度名は「出生時育児休業」。休業取得可能期間が「子どもの出生から8週間」であり、女性従業員の産後休業と同時期であることから、通称「産後パパ育休」と呼ばれる。

産後パパ育休（出生時育児休業）は休業中の就業が認められている点も大きな特徴です。所定労働日や所定労働時間に制限がありますが、「労使協定を締結したうえで労使の個別合意により、休業中に就業させることを可能」としています。ただし、就業させる場合は事前に手続きをしなければなりません。

まず、過半数労働組合（過半数労働組合がない場合は労働者の過半数代表者）と、就業を可能とする労使協定を締結していることが前提です。その後、従業員から会社への就業可能日数などを申し出ます。申出を受けて、会社からは従業員への就業日時を提示し、従業員の同意が得られたら就業日などの通知を行うことで、休業中の就業が可能となります。

産後パパ育休中に就業させる際に注意したいのが、就業上限です。就業日数は休業期間中の所定労働日数の半分であり、就業時間数は休業期間中の所定労働時間を合計した半分までとなります。休業開始予定日と終了予定日の就業も可能ですが、これらの日の労働時間はそれぞれの所定労働時間数に満たない時間数でなければなりません。たとえば、所定労働時間が1日8時間、週5日勤務している人が2週間の休業を取得する場合、就業日数の上限は5日、就労時間の上限は40時間です。休業開始予定日と終了予定日に就業する場合は、それぞれ8時間未満が上限です。

出生時育児休業給付金

出生時育児休業を取得した場合、一定の要件を満たすと受給できる給付金のこと。

また、産後パパ育休中には、育児休業給付金と同様に給付金（出生時育児休業給付金）が支給されます。ただし、休業中に就業することで会社から賃金が支払われる場合には、就業日数が最大10日（10日を超える場合は就業している時間数が80時間）以下である場合が、給付の対象となります。

▶ 産後パパ育休中に就業させるための手続きの流れ

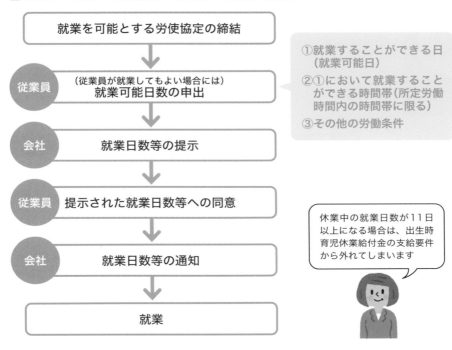

就業を可能とする労使協定の締結

従業員
（従業員が就業してもよい場合には）
就業可能日数の申出

会社
就業日数等の提示

従業員
提示された就業日数等への同意

会社
就業日数等の通知

就業

①就業することができる日
　（就業可能日）
②①において就業すること
　ができる時間帯（所定労働
　時間内の時間帯に限る）
③その他の労働条件

休業中の就業日数が11日以上になる場合は、出生時育児休業給付金の支給要件から外れてしまいます

▶ 産後パパ育休中の就業日数等の制限

例　所定労働時間が1日8時間、1週間の所定労働日数が5日の従業員が
　　産後パパ育休中に2週間の就業をする場合

[通常]
2週間の所定労働日数
10日

2週間の所定労働時間
80時間

半分

[産後パパ育休：2週間]
就業日数上限
5日

就業時間上限
40時間

Chapter2 05

育児休業を分割して
取得できる制度へ変更

☑ 男性は出生時育児休業含め育児休業を4回に分けて取得できる
☑ 育児休業給付金も2回までなら分割して受け取れる

男性は育児休業を4分割取得できる

　改正前の育児・介護休業法では、子どもが1歳になるまでに取得する育児休業は、原則1回しか取得できませんでした。それが改正に伴って、男女ともそれぞれ2回まで分割して取得することが可能となりました。新設された産後パパ育休（出生時育児休業）では出生後8週の間に2分割での取得が認められているので、この制度を活用した場合、男性は育児休業を4分割して取得できるようになります。

　また、改正前までは1歳を超えて育児休業を延長する場合の開始日は1歳、1歳6カ月の時点に限定されていて、自由なタイミングで育児休業を取得することはできませんでした。ですが、改正後は1歳を超えて育児休業を延長する場合の休業開始予定日が、1歳6カ月および2歳までの間と柔軟化しました。

　これにより一度職場復帰してから育児休業の再取得も可能となり、夫婦で交代時期を柔軟に設定することが可能となりました。

育児休業給付金の分割給付も可能に

　育児休業の分割取得が可能になったことに伴い、育児休業給付金もそれぞれの期間で受け取れるようになりました。会社の独自制度を利用して育児休業を3回以上に分割して取得するときは、原則として3回目以降は給付金を受けられませんが、一定の例外事由に該当するときには回数制限から除外されます。

　また、育児休業の延長事由があり、夫婦交代で育児休業を取得する場合は、1歳から1歳6カ月と1歳6カ月から2歳の各期間において、夫婦それぞれ1回に限り育児休業給付金の対象となる育児休業を取得できます。

一定の例外事由
配偶者が死亡、負傷などの理由で子どもと同居しないこととなった、子どもが疾病などで2週間以上世話が必要になったなどの特別な事由。これらの事由に該当するときは、育児休業の取得回数制限から除外され、給付金支給の対象となる。

▶ 育児休業分割取得の具体例

1歳になる前に復帰し、育児休業を終える場合

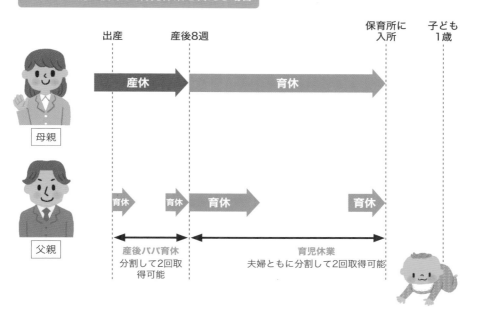

保育所に入所できず子どもが2歳になるまで育児休業を延長する場合

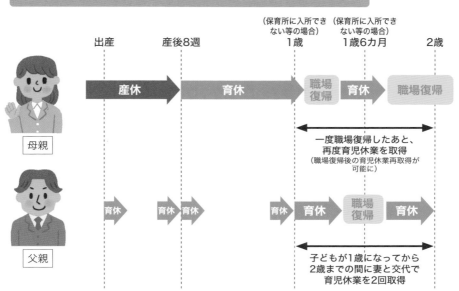

円滑な職場復帰を支援する「パパ・ママ育休プラス制度」

☑ 夫婦のいずれかは子どもが1歳2カ月になるまで休業できる
☑ 2カ月の延長期間も育児休業給付金は支給される

パパ・ママ育休プラス制度の概要

「パパ・ママ育休プラス制度」とは、夫婦とも育児休業を取得することで、子どもが1歳2カ月になるまで延長して休業を取得できる制度です。たとえば、母親が産後休業に続けて子どもの満1歳の誕生日の前日まで育児休業を取得し、父親は子どもが2カ月から1歳2カ月になるまでの1年間育児休業を取得する、というような取得が可能となります。

子どもが1歳を超え、パパ・ママ育休プラスの期限である1歳2カ月になるまで育児休業を利用できるのは、育児休業をあとから取得した配偶者のみとなります。母親が先に育児休業を取得した場合、1歳2カ月まで育児休業を取得できるのは父親となり、反対に父親が先に育児休業を取得した場合は、母親が1歳2カ月まで育児休業を取得できます。なお、この制度を利用するには夫婦ともに育児休業開始日が子どもの1歳の誕生日以前でなければなりません。

産後パパ育休（出生時育児休業）の新設や育児休業の取得が柔軟になったため、利用者はあまり多くはないかもしれませんが、念のため説明できるようにしておきましょう。

育児休業給付金も受け取れる

パパ・ママ育休プラス制度を利用した場合でも、育児休業給付金は給付されます。給付金額は通常の育児休業給付金と同様で、育児休業開始日から180日間は月額給与の67％、181日目から支給終了日までは50％です。

▶ パパ・ママ育休プラス制度の取得イメージ

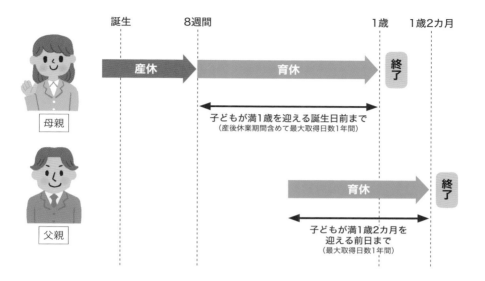

母親

誕生　8週間　1歳　1歳2カ月

産休 → **育休** → 終了

子どもが満1歳を迎える誕生日前まで
（産後休業期間含めて最大取得日数1年間）

父親

育休 → 終了

子どもが満1歳2カ月を
迎える前日まで
（最大取得日数1年間）

▶ パパ・ママ育休プラス制度の取得条件

- 夫婦ともに育児休業を取得すること
- 配偶者が子どもの1歳の誕生日前日までに育児休業を取得していること
- 子どもの1歳の誕生日以前に育児休業開始予定日が設定してあること
- パパ・ママ育休プラス取得者の育児休業開始予定日が、配偶者の取得した育児休業開始の初日以降になっていること

パパ・ママ育休プラスは働く夫婦がともに協力して育児を行うことを目的として制定された制度です。そのため夫婦どちらかが専業主婦（夫）である場合には利用できません

育児休業取得率公表が義務化

男性従業員の育児休業取得率をホームページで公開

　育児・介護休業法の改正により、2023年4月から常時雇用する従業員数が1000人を超える企業は男性従業員の育児休業取得率を公表することが義務付けられました。「常時雇用する労働者」とは、雇用契約の形態を問わず、事実上期間の定めなく雇用されている従業員のことです。

　公表方法は「インターネットの利用その他適切な方法」とされており、自社のホームページや「両立支援のひろば」での掲載となります。両立支援のひろばとは、厚生労働省が運営する仕事と家庭の両立支援総合サイトです。さまざまな企業の取り組みも紹介されています。

　公表内容は公表を行う直前の事業年度の「育児休業等の取得割合」か「育児休業等と育児目的休暇の取得割合」です。また任意で「女性の育児休業取得率」や「育児休業平均日数」の公表も可能です。なお、公表を怠っている場合は行政指導も検討されています。

休業取得率の公表が人材確保につながる

　法改正の背景には男性の育児休業取得率が低いことが挙げられます。

　令和2年の報告では育児休業制度を利用した人は19.9％にとどまっており、制度を利用したかったがなんらかの理由で利用しなかった割合37.5％でした。この理由の中には会社で育児休業制度が整備されていなかったことなどが挙げられています。そのような状況を減らすため、職場風土の改善や制度理解の周知・促進を目的に男性従業員の育児休業取得率公表の義務化が制定されました。

　また、会社の人材確保の狙いもあります。育児休業取得率の高さは、今後のキャリアを担う若い世代の人材の確保や離職防止、従業員のモチベーション向上にもつながります。

　従業員数1000人以下の企業でも育児休業取得率を公表している企業があります。制度改定に伴う社内環境の整備、育児休業の周知や促進を進めましょう。

第 3 章

育児・介護休業規程を策定する

第3章では、育児・介護休業規程の整備のポイントを
解説します。本書では厚生労働省が公開している「育
児・介護休業等に関する規則」の規定例をもとに、各
規定を読み込むときに必要となる知識を解説していき
ます。

Chapter3 01

育児・介護休業規程を整備する

☑ 改正された法に合わせて変更する
☑ 法改正の内容が反映されているかどうか確認する

📍 厚生労働省の規定例をもとに策定

　本書では、厚生労働省が公開しているパンフレット「就業規則への記載はもうお済みですか─育児・介護休業等に関する規則の規定例─［詳細版］」にある「育児・介護休業等に関する規則の規定例」に準拠して、規定を理解するために必要な知識を解説します。

　育児・介護休業法の内容はかなり詳細であるため、就業規則とは別に「育児・介護休業規程」などとして独立した規程を整備しましょう。就業規則の本則には「育児休業や介護休業等に関する事項の詳細は育児・介護休業規程で定める」とだけ記載するケースが多くなっています。

　育児・介護休業規程では、育児休業や介護休業の制度をはじめとしたさまざまな制度について規定しています。それらの規定をここでは11の章に分けて作成していきます。また、会社独自の育児・介護休業制度を設定している場合は、その内容も漏れなく記載するようにします。規定例はあくまでも一つの例です。必ずしもこの通りである必要はないので、実際の規定は事業所の実態にあったものとしてください。

　また、すでに社内で育児・介護休業規程を定めている場合でも、現行の育児・介護休業規程と2021年6月以降の法改正の内容に矛盾しているポイントはないかなど、改正後の内容と比較して確認してください。

就業規則
労働者の給与や労働時間などの労働条件や、社内の規律やルールを定めて書面にしたもの。常時10人以上の従業員を使用する会社は就業規則を作成し、所轄の労働基準監督署に届出なければならない。

▶ これまでの法改正のポイント

No.	内容	施行の時期	チェック
1	子の看護休暇が半日単位で取得できるようになった	2017年1月1日	
2	育児休業などの対象となる子に、特別養子縁組の監護期間中の子、養子縁組里親に委託されている子なども加わった		
3	マタハラを防止する措置を講じなければならない		
4	育児休業について保育所に入れない場合など最長2歳までの再延長が可能になった	2017年10月1日	
5	No. 4に合わせ育児休業給付金の給付期間が2歳までになった		
6	子どもが生まれる予定の従業員に育児休業などの制度を個別に知らせるように努める		
7	育児目的休暇の導入を促進しなければならない		
8	子の看護休暇を1時間単位で取得できるようになった	2021年1月1日	
9	育児休業を取得しやすい雇用環境の整備が義務化された	2022年4月1日	
10	妊娠・出産（本人または配偶者）の申出をした労働者に対する個別の周知・意向確認の措置を講じる		
11	有期雇用労働者の育児・介護休業取得の要件が緩和された		
12	産後パパ育休（出生時育児休業）が創設された	2022年10月1日	
13	育児休業の分割取得が可能になった		

第3章

育児・介護休業規程を策定する

MEMO

育児・介護休業法の歴史

1992年4月1日に施行された育児休業法ですが、当時は従業員数が常時30人以上の事業所を適用の対象としていました。その3年後、1995年4月1日に改正され、現在の「育児・介護休業法」となり、育児休業制度が法制化されました。またこのときから従業員数にかかわらず、すべての事業所が法律の適用対象となりました。

Chapter3 02

第1条「目的」と適用範囲について定める

☑ 目的に会社からのメッセージを記載してもよい
☑ 規程の内容が会社の運用の実態と一致しているか確認する

何のための規程なのかを明記する

　育児・介護休業規程の最初に「目的」を記載します。この規程を何のために作っているのか、育児・介護休業に対する会社の考え方を明示しておいてもよいでしょう。

　育児・介護休業規程に会社の方針を記載することで、従業員とその家族の信頼を得られるというメリットがあります。近年、ライフワークバランスに対する考え方の変化が著しく、「子どもが生まれたら育児休業を取って積極的に子育てをしたい」と考える学生も増加しています。その一方で、育児休業の取得はキャリア形成にも影響を与える可能性があることから、育児休業取得に躊躇してしまう従業員もいるでしょう。そこで、規程に会社が仕事と育児を両立できる環境を積極的に整備しているという意向を示すことで、従業員の会社に対する信頼感が高まります。

　また、社内における育児休業の取得率が高まると、育休取得に積極的な企業としてアピールできるようになり、優秀な人材の確保にもつながるでしょう。

規程が適用される社員について記す

　そして、この規程が適用される社員の範囲を必ず明記します。法改正に伴い規程の内容をアップデートするのも大切ですが、規程の内容が会社のシステムそのものと整合性が取れなくなっていることも多々あります。たとえば雇用形態の変化です。10年前に「嘱託社員」を設けたが規程には追記されておらず、嘱託社員に育児休業を請求された際に適用範囲がわからず困る、といったような状況が生じることもあります。

育児・介護休業規程

第1章　目的

（目的）

第1条
本規則は、従業員の育児・介護休業（出生時育児休業含む。以下同じ。）、子の看護休暇、介護休暇、育児・介護のための所定外労働、時間外労働及び深夜業の制限並びに育児・介護短時間勤務等に関する取扱いについて定めるものである。

企業理念に「従業員個人が幸福でありながら、人類、社会の調和に貢献する」を掲げる当社において、従業員自身やその周囲の人々が幸せな状態であることを目指している。この考え方に基づいて、多様な働き方を促進するために育児・介護休業規程を策定する。

本規則は、正社員ならびに正規雇用以外のすべての雇用形態の従業員に適用される。

厚生労働省が公開している規定例に加えて企業理念や会社として重要視している考え方を明記してもよいでしょう

MEMO

育児休業制度と就業規則

育児休業や介護休業は育児・介護休業法で定められている休暇です。また育児・介護休業法に基づく指針でも、あらかじめ就業規則に定めておくべき事項だとされています。トラブルを防止し、従業員が安心して休業を申し出られるためにも規程の整備が必要です。また、休業中や復職後の賃金などの待遇についても記載しなければなりません。なお、育児休業は従業員の性別にかかわらず育児・介護休業法に基づく「労働者の権利」です。会社に規程がなくても要件を満たしている従業員から申出があれば、休業を認めなければなりません。

Chapter3
03

第2条「育児休業の対象者」について定める

☑ 2022年4月・10月の法改正の内容を反映させる
☑ 労使協定を締結すると対象者を限定できる

第1項［育児休業の対象者］

　育児休業は育児を経て「復職すること」を前提とした休業です。そのため日雇従業員と、申出時点において子どもが1歳6カ月（再延長のときは2歳）になるときまでに雇用関係が終了することが明らかになっている有期雇用労働者は、育児休業を取得できません。法律上、育児休業終了後に短期間で雇用関係が終了するとわかっている従業員に休業を取得させることは会社の負担になると考えられているからです。契約の更新について「更新する場合がある」という状況は雇用契約の終了が確実とはいえないと判断されます。

　なお、2022年3月31日までは有期雇用労働者が育児休業を取得するには「入社1年以上であること」という要件がありましたが、2022年4月1日よりこの要件が撤廃されました。

雇用契約
労働者が労働に従事した際に、雇用主が報酬を支払うことを約束する契約のこと。

第2項［労使協定により申出を拒む従業員］

　労使協定の締結により、入社1年未満の従業員などから育児休業の申出があった際には育児休業の取得を拒むことができます。2022年4月1日以降、有期雇用労働者からの申出は「入社1年以上であること」という要件が撤廃されたと説明しましたが、労使協定を締結することにより入社1年未満の有期雇用労働者は育児休業の対象者から除外することは可能です。

パパ・ママ育休プラス
父親と母親がともに育児休業を取得することで休業期間を延長できる制度（詳細は46ページ参照）。

第3項［パパ・ママ育休プラス］

　夫婦ともに育児休業を取得するときには、原則、子どもが1歳になるまでである育児休業の期間を1歳2カ月になるまでとすることができます。この制度をパパ・ママ育休プラスといいます。

第2章　育児休業制度

（育児休業の対象者）

第2条

第1項［育児休業の対象者］

育児のために休業することを希望する従業員（日雇従業員を除く）であって、1歳に満たない子と同居し、養育するものは、この規則に定めるところにより育児休業をすることができる。ただし、有期雇用従業員にあたっては、申出時点において、子が1歳6か月（本条第5項又は第6項の申出にあっては2歳）に達する日までに労働契約期間が満了し、更新されないことが明らかでない者に限り、育児休業をすることができる。

第2項［労使協定により申出を拒む従業員］

本条第1項、第3項から第7項にかかわらず、労使協定により除外された次の従業員からの休業の申出は拒むことができる。

一　入社1年未満の従業員

二　申出の日から1年（本条第4項から第7項の申出にあっては6か月）以内に雇用関係が終了することが明らかな従業員

三　1週間の所定労働日数が2日以下の従業員

第3項［パパ・ママ育休プラス］

配偶者が従業員と同じ日又は従業員より先に育児休業又は出生時育児休業をしている場合、従業員は、子が1歳2か月に達するまでの間で、出生日以後の産前・産後休業期間、育児休業期間及び出生時育児休業期間との合計が1年を限度として、育児休業をすることができる。

第3章　育児・介護休業規程を策定する

MEMO

労働規範の関係性

就業規則や雇用契約よりも優先されるのは法律に記載されている内容です。優先順位を整理すると以下の通りになります。

1. 法律（労働基準法、育児・介護休業法、男女雇用機会均等法）など
2. 労働協約（企業と労働組合が締結する取り決めのこと）
3. 就業規則
4. 労働契約（雇用契約など）

事由
その事柄が生じた理由や原因のこと。

⚲ 第4項［育児休業の延長］

子どもが1歳になるときに保育所に入ることができないなど、一定の延長事由に該当するときには、子どもが1歳6カ月になるまで育児休業を延長することができます（30ページ参照）。

⚲ 第5項［特別の事情がある場合の育児休業の延長の取得］

1歳以降の期間については育児休業の再取得は認められていません。しかし、2022年10月1日より、特別な事情がある場合に限り再取得が可能となりました。特別な事情とは、ほかの子の産前産後休業、出生時育児休業、介護休業の開始などにより、1歳以降の子どもの育児休業が終了したものの、産前産後休業の対象だった子が死亡した場合などです。

介護休業
従業員の家族が要介護状態にあるとき、介護のために、その従業員が休業を取得できる制度。

⚲ 第6項［育児休業の再延長］

第4項に基づき育児休業を延長したものの、子どもが1歳6カ月になるときにも保育所に入ることができないなど一定の延長事由に該当するときには、子どもが2歳になるまで育児休業を再延長することができます（30ページ参照）。

⚲ 第7項［特別な事情がある場合の育児休業の再延長の取得］

第5項同様、2022年10月1日より、特別な事情がある場合に限り、1歳6カ月以降の期間も育児休業の再延長の取得が可能となりました。特別な事情とは、ほかの子の産前産後休業、出生時育児休業、介護休業の開始などにより、1歳6カ月までの子どもの育児休業が終了したものの、産前産後休業などの対象だった子が死亡したなどです。そうした場合は、2歳まで育児休業を取得できます。

▶ 第2章第2条「育児休業の対象者」第4～7項の規定例

第4項 [育児休業の延長]

次のいずれにも該当する従業員は、子が1歳6か月に達するまでの間で必要な日数について育児休業をすることができる。なお、育児休業を開始しようとする日は、原則として子の1歳の誕生日に限るものとする。ただし、配偶者が育児・介護休業法第5条第3項（本項）に基づく休業を子の1歳の誕生日から開始する場合は、配偶者の育児休業終了予定日の翌日以前の日を開始日とすることができる。

 イ 従業員又は配偶者が原則として子の1歳の誕生日の前日に育児休業をしていること
 ロ 次のいずれかの事情があること
  (ｱ) 保育所等に入所を希望しているが、入所できない場合
  (ｲ) 従業員の配偶者であって育児休業の対象となる子の親であり、1歳以降育児に当たる予定であった者が、死亡、負傷、疾病等の事情により子を養育することが困難になった場合
 ハ 子の1歳の誕生日以降に本項の休業をしたことがないこと

第5項 [特別の事情がある場合の育児休業の延長の取得]

前項にかかわらず、産前・産後休業、出生時育児休業、介護休業又は新たな育児休業が始まったことにより本条第1項又は第3項に基づく休業（配偶者の死亡等特別な事情による3回目以降の休業を含む）が終了し、終了事由である産前・産後休業等に係る子又は介護休業に係る対象家族が死亡等した従業員は、子が1歳6か月に達するまでの間で必要な日数について育児休業をすることができる。

第6項 [育児休業の再延長]

次のいずれにも該当する従業員は、子が2歳に達するまでの間で必要な日数について育児休業をすることができる。なお、育児休業を開始しようとする日は、原則として子の1歳6か月の誕生日応当日に限るものとする。ただし、配偶者が育児・介護休業法第5条第4項（本項）に基づく休業を子の1歳6か月の誕生日応当日から開始する場合は、配偶者の育児休業終了予定日の翌日以前の日を開始日とすることができる。

 イ 従業員又は配偶者が子の1歳6か月の誕生日応当日の前日に育児休業をしていること
 ロ 次のいずれかの事情があること
  (ｱ) 保育所等に入所を希望しているが、入所できない場合
  (ｲ) 従業員の配偶者であって育児休業の対象となる子の親であり、1歳6か月以降育児に当たる予定であった者が、死亡、負傷、疾病等の事情により子を養育することが困難になった場合
 ハ 子の1歳6か月の誕生日応当日以降に本項の休業をしたことがないこと

第7項 [特別な事情がある場合の育児休業の再延長の取得]

前項にかかわらず、産前・産後休業、出生時育児休業、介護休業又は新たな育児休業が始まったことにより本条第1項、第3項、第4項又は第5項に基づく休業が終了し、終了事由である産前・産後休業等に係る子又は介護休業に係る対象家族が死亡等した従業員は、子が2歳に達するまでの間で必要な日数について育児休業をすることができる。

第3章

育児・介護休業規程を策定する

Chapter3 04

第3条「育児休業の申出の手続等」について定める

☑ 法令で定められた申出期間がある
☑ 申出を受けたら通知書を交付する

第1項［申出］

育児休業申出書
育児休業の取得を希望する従業員に提出してもらう社内書類のこと（詳細は140ページ参照）。

育児休業は、要件を満たした従業員が申出をすることによって取得できる休業です。取得を希望する従業員には「育児休業申出書」を提出してもらいます。申出の期間はここでは法令の基準に合わせて、育児休業を開始しようとする日の1カ月前（延長、再延長のときは2週間前）までと定めています。

また、有期雇用労働者は申出の時点で雇用契約期間を超えた育児休業の期間を申し出ることはできません。雇用契約がない期間に対して休業するという点で整合性が取れないからです。そのため、一旦は雇用契約期間の終了日までを育児休業の期間とし、契約が更新されたときに再度、育児休業の申出をしてもらいます。

第2項［育児休業の取得回数］

2022年10月1日より、子どもが1歳を迎えるまでの期間の育児休業は、2回に分割して取得できるようになりました。

第3項［育児休業延長時の取得回数］

原則1回ですが、子どもが1歳6カ月を迎えるまでの育児休業は、2022年10月1日より、特別な事情がある場合には再度の取得が認められるようになりました。

第4項［育児休業再延長時の取得回数］

原則1回ですが、子どもが2歳を迎えるまでの育児休業は、2022年10月1日より、特別な事情がある場合には再度の取得が認められるようになりました。

（育児休業の申出の手続等）
第3条
第1項［申出］
育児休業をすることを希望する従業員は、原則として育児休業を開始しようとする日（以下「育児休業開始予定日」という。）の1か月前（第2条第4項から第7項に基づく1歳及び1歳6か月を超える休業の場合は、2週間前）までに育児休業申出書（社内様式1）を人事部労務課に提出することにより申し出るものとする。なお、育児休業中の有期雇用従業員が労働契約を更新するに当たり、引き続き休業を希望する場合には、更新された労働契約期間の初日を育児休業開始予定日として、育児休業申出書により再度の申出を行うものとする。

第2項［育児休業の取得回数］
第2条第1項に基づく休業の申出は、次のいずれかに該当する場合を除き、一子につき2回までとする。
   （1）第2条第1項に基づく休業をした者が本条第1項後段の申出をしようとする場合
   （2）配偶者の死亡等特別の事情がある場合

第3項［育児休業延長時の取得回数］
第2条第4項に基づく休業の申出は、次のいずれかに該当する場合を除き、一子につき1回限りとする。
   （1）第2条第4項又は第5項に基づく休業をした者が本条第1項後段の申出をしようとする場合
   （2）産前・産後休業、出生時育児休業、介護休業又は新たな育児休業が始まったことにより第2条第1項、第4項又は第5項に基づく育児休業が終了したが、終了事由である産前・産後休業等に係る子又は介護休業に係る対象家族が死亡等した場合

第4項［育児休業再延長時の取得回数］
第2条第6項に基づく休業の申出は、次のいずれかに該当する場合を除き、一子につき1回限りとする。
   （1）第2条第6項又は第7項に基づく休業をした者が本条第1項後段の申出をしようとする場合
   （2）産前・産後休業、出生時育児休業、介護休業又は新たな育児休業が始まったことにより第2条第1項、第4項、第5項、第6項又は第7項に基づく育児休業が終了したが、終了事由である産前・産後休業等に係る子又は介護休業に係る対象家族が死亡等した場合

第3章　育児・介護休業規程を策定する

第5項［証明書の提出］

育児休業申出書には子どもの生年月日を記入してもらいますが、会社はその内容を確認するための資料として従業員に証明書の提出を求めることができます。

出生届受理証明書
市区町村役場が発行する、届出が受理されたことを証明する書類。

証明書の例は、官公署が発行する出生届受理証明書などです。健康保険の出産手当金を申請する欄の「医師・助産師が記入する証明欄」にある証明や、雇用保険の育児休業給付金を申請する際にハローワークに提出する母子健康手帳（出生届出済証明欄の部分）のコピーなども証明書になります。

第6項［取扱通知書の交付義務］

従業員から育児休業の申出を受けた際、会社はその旨を申出をした従業員に通知します。

育児休業取扱通知書
会社が従業員から育児休業の申出を受けた際に発行する社内書類のこと（詳細は143ページ参照）。

通知する項目は「育児休業取扱通知書」にある、以下の3点です。
①育児休業申出を受けた旨
②育児休業開始予定日（会社が開始日の指定をする場合には、その指定日）
③育児休業申出を拒む場合には、その旨およびその理由

第7項［出生の報告義務］

育児休業の対象となる子どもが出生したときには、従業員に「育児休業対象児出生届」を提出してもらいます。

**育児休業対象児
出生届**
育児休業を取得する従業員がその対象となる子どもが生まれたときに提出する社内書類のこと（詳細は144ページ参照）。

併せて子どもの生年月日を確認するための資料も提出してもらいましょう。ただし、官公署が発行する出生届受理証明書など、従業員が用意するのに負担の少ない証明書を求めるようにしましょう。

▶ 第2章第3条「育児休業の申出の手続等」第5〜7項の規定例

第5項［証明書の提出］
会社は、育児休業申出書を受け取るに当たり、必要最小限度の各種証明書の提出を求めることがある。

第6項［取扱通知書の交付義務］
育児休業申出書が提出されたときは、会社は速やかに当該育児休業申出書を提出した者（以下この章において「育休申出者」という。）に対し、育児休業取扱通知書（社内様式2）を交付する。

第7項［出生の報告義務］
申出の日後に申出に係る子が出生したときは、育休申出者は、出生後2週間以内に人事部労務課に育児休業対象児出生届（社内様式3）を提出しなければならない。

▶ 育児休業申出から休業までの流れ

申出

① 【従業員】育児休業申出書を提出する

② 【会社】申出書を提出した従業員が休業取得の要件を満たしているかを確認する

③ 【会社】育児休業取扱通知書を従業員に発行する

休業

④ 【従業員】子どもが生まれたら育児休業対象児出生届を提出する

育児休業の延長・再延長の際にはこの申出の流れ（①〜③）を再度行います

Chapter3
05

第4条「育児休業の申出の撤回等」について定める

☑ 育児休業は撤回できる
☑ 撤回を受け付けたら通知書を交付する

第1項［申出の撤回］

　子どもが1歳になるときまでの育児休業の取得の申出は、撤回することができます。撤回の申出期限は、育児休業開始予定日の前日です。撤回するときは、従業員に「育児休業申出撤回届」を提出してもらいましょう。そこに撤回する旨と、申出の年月日を記載してもらいます。

　なお、育児休業の延長・再延長は別の育児休業として扱われます。また、2022年10月1日以降、子どもが1歳になるまでの育児休業を分割取得する際は、それぞれの申出が別の育児休業として扱われるため、それぞれ1回ずつ撤回可能です。

育児休業申出撤回届
従業員が申出を行った育児休業の撤回を届け出る際に使用する社内書類のこと（詳細は146ページ参照）。

第2項［取扱通知書の交付義務］

　従業員から育児休業の申出を撤回すると申出があったときには、会社は撤回の申出を受けたことをその従業員に通知します。そこで「育児休業取扱通知書」を作成し、交付します。必ず通知する項目は以下の2点です。

　①育児休業の撤回の申出を受けた旨
　②育児休業の撤回の申出を拒む場合は、その旨およびその理由

育児休業取扱通知書
会社が従業員から育児休業の申出の撤回を受けた際に発行する社内書類のこと（詳細は143ページ参照）。

第3項［育児休業の再度の申出］

　育児休業の撤回は申出1回につき1回可能です。また、延長・再延長に関しても、それぞれ1回ずつ撤回することができます。なお、撤回1回につき1回休業したものとみなされます。撤回を申し出たあとは、原則として再度、育児休業を申し出ることはできませんが、64ページに挙げた特別な事情がある場合には再度申し出ることができます。

▶ 第2章第4条「育児休業の申出の撤回等」第1～3項目の規定例

（育児休業の申出の撤回等）
第4条
第1項［申出の撤回］
育休申出者は、育児休業開始予定日の前日までは、育児休業申出撤回届（社内様式4）を
人事部労務課に提出することにより、育児休業の申出を撤回することができる。

第2項［取扱通知書の交付義務］
育児休業申出撤回届が提出されたときは、会社は速やかに当該育児休業申出撤回届を提出
した者に対し、育児休業取扱通知書（社内様式2）を交付する。

第3項［育児休業の再度の申出］
第2条第1項に基づく休業の申出の撤回は、撤回1回につき1回休業したものとみなす。
第2条第4項又は第5項及び第6項又は第7項に基づく休業の申出を撤回した者は、特別
の事情がない限り同一の子については再度申出をすることができない。ただし、第2条第
1項に基づく休業の申出を撤回した者であっても、同条第4項又は第5項及び第6項又は
第7項に基づく休業の申出をすることができ、第2条第4項又は第5項に基づく休業の申
出を撤回した者であっても、同条第6項又は第7項に基づく休業の申出をすることができ
る。

▶ 育児休業の撤回の考え方

```
［1回目］育児休業の申出
    ↓                       育児休業を1回取得し
［1回目］育児休業取得の決定      たものとみなされる
    ↓
［1回目］育児休業の撤回
    ↓                       撤回1回も休業1回と
［2回目］育児休業の申出・取得の決定   同等に扱われます
    ↓
［2回目］育児休業の取得
```

疾病
具体的な症状や原因
が客観的に診断され、
体の諸機能に支障を
きたしている状態。

・配偶者が亡くなった

・配偶者の負傷、疾病などにより、配偶者が育児をすることが難しくなった

・配偶者と離婚などをし、配偶者が子どもと同居しないこととなった

・子どもが負傷、疾病または障害により2週間以上、世話が必要となった

・当初入所を予定していた保育所などに入れないこととなった

第4項［育児休業取得理由の消滅］

　育児休業はあくまでも育児をするための休業です。そのため、育児休業に入る前に子どもが亡くなったなど、子どもを養育する理由が亡くなったときには育児休業は取得できず、そもそも育児休業の申出がなされなかったものとみなします。

　これは第1項の撤回とは異なり、従業員から申出がなくとも育児休業の取得は消滅します。会社がその事実を把握するために、従業員から会社にその事実を通知してもらわなければなりません。法令では書面での通知を義務付けていないので、会社独自で通知方法を考えておく必要があります。メールや電話での報告を受け受理したのちに書面を提出してもらうとよいでしょう。

▶ 第2章第4条「育児休業の申出の撤回等」第4項の規定例

第4項［育児休業取得理由の消滅］
育児休業開始予定日の前日までに、子の死亡等により育休申出者が休業申出に係る子を養育しないこととなった場合には、育児休業の申出はされなかったものとみなす。この場合において、育休申出者は、原則として当該事由が発生した日に、人事部労務課にその旨を通知しなければならない。

▶ 育児休業が消滅するまでの流れ

ポイント①事前に通知方法を説明する

万が一のときはメールで報告して、後日、書面を提出してください

総務部

承知しました

育休を取得する従業員

ポイント②法令では書面での通知は義務付けられていない

今朝、子どもが亡くなりました

育休を取得する従業員

理由の消滅

総務部

落ち着いたら
書面の提出を
お願いします

MEMO

申出と通知方法

育児休業の取得や撤回の申出は育児・介護休業法の施行規則で、書面などで行うものと規定されています。会社が申出を受けたときに発行する通知書も書面などで行うものと規定されています。育児休業の申出を行ったか否かとトラブルになるのを避けるためです。従業員から口頭で申出があった場合には、正式な手続きが行われていないと判断し、書面などでの申出を求めましょう。

Chapter3
06

第5条「育児休業の期間等」について定める

☑ 育児休業は原則子どもが1歳になるまでの休業となる
☑ 申出は休業開始日の1カ月前までに行う

第1項 [育児休業の期間]

　育児休業の期間は、原則として、子どもが1歳になるまでの期間のうち従業員が申出をした期間です。一般的には、子どもが1歳に達する日を育児休業日終了予定日として申し出る場合が多いですが、それは延長・再延長せずに取得できる最長の期間となります。よって、従業員は育児休業終了予定日を、子どもが6カ月を迎えた日や子どもが8カ月を迎えた日として申し出ることもできます。

第2項 [育児休業開始日の指定]

　育児休業の申出は、原則、育児休業を開始しようとする日の1カ月前までに行うことになっています（延長・再延長時は2週間前まで）。
　従業員からの申出がこの期日より遅れた場合は、従業員が申出をした日の翌日から1カ月以内の日を、会社が育児休業の開始予定日として指定することができます。

第3項 [育児休業期間の変更]

　子どもが出産予定日前に生まれたなど、従業員が早急に休業の取得を希望する場合は、従業員が申出をした日の翌日から1週間以内の日を指定します。
　また、従業員の育児休業取得の申出を受理したのちに休業期間を変更したいと申出があった場合、休業1回につき1回、期間を変更することができます。
　事前に育児休業の申請をしていたものの、出産予定日よりも早く子どもが生まれたため休業を開始する日の繰り上げを希望する

▶ 第2章第5条「育児休業の期間等」第1〜3項の規定例

（育児休業の期間等）
第5条
第1項［育児休業の期間］
育児休業の期間は、原則として、子が1歳に達するまで（第2条第3項から第7項に基づく休業の場合は、それぞれ定められた時期まで）を限度として育児休業申出書（社内様式1）に記載された期間とする。

第2項［育児休業開始日の指定］
本条第1項にかかわらず、会社は、育児・介護休業法の定めるところにより育児休業開始予定日の指定を行うことができる。

第3項［育児休業期間の変更］
従業員は、育児休業期間変更申出書（社内様式5）により人事部労務課に、育児休業開始予定日の1週間前までに申し出ることにより、育児休業開始予定日の繰り上げ変更を、また、育児休業を終了しようとする日（以下「育児休業終了予定日」という。）の1か月前（第2条第4項から第7項に基づく休業をしている場合は、2週間前）までに申し出ることにより、育児休業終了予定日の繰り下げ変更を行うことができる。
育児休業開始予定日の繰り上げ変更及び育児休業終了予定日の繰り下げ変更とも、原則として第2条第1項に基づく休業1回につき1回に限り行うことができるが、第2条第4項から第7項に基づく休業の場合には、第2条第1項に基づく休業とは別に、子が1歳から1歳6か月に達するまで及び1歳6か月から2歳に達するまでの期間内で、それぞれ1回、育児休業終了予定日の繰り下げ変更を行うことができる。

▶ 育児休業開始予定日の決め方

休業2週間前に申請

 総務部へ申出

申出の翌日から起算して1カ月以内の日を休業開始日として会社が指定する

▶ 育児休業開始予定日の変更方法

休業1日前に変更の申請

 総務部へ申出

早急に取得したい場合は申出の翌日から起算して1週間以内の日を休業開始日として会社が指定する

育児休業期間
変更申出書
従業員が申出を行っ
た育児休業の期間の
変更を申し出る際に
使用する社内書類の
こと（詳細は148
ページ参照）。

場合は、変更後休業を開始しようとする日の1週間前までに変更の申出をする必要があります。また、育児休業終了予定日の1カ月前までに申し出れば、終了予定日の繰り下げ変更も可能です。これらの申出は、「育児休業期間変更申出書」で行います。

第4項 ［育児休業期間の変更の通知］

育児休業取扱通知書
会社が従業員から育
児休業期間の変更の
申出を受けた際に発
行する社内書類のこ
と（詳細は143ペ
ージ参照）。

従業員から育児休業期間変更申出書を提出された際には、会社は「育児休業取扱通知書」によって申出を受けたことを通知します。育児休業取扱通知書に記載する項目は、以下の2点です。

①育児休業期間の変更の申出を受けた旨
②育児休業開始予定日および終了予定日

第5項 ［育児休業の終了］

子どもが1歳を迎えると育児休業は終了しますが、育児休業中に休業の対象となる子どもが亡くなったなど、養育をする理由がなくなったときにも終了します。また、育児休業を取得中の従業員が妊娠し、ほかの子の産前産後休業が始まったときなどにも育児休業は終了します。

第6項 ［終了事由の通知義務］

育児休業が終了する事由が発生した場合には、従業員はその事実を会社に通知しなければなりません。書面による通知までは義務付けられていないので、通知方法は会社で検討しておきましょう。原則、当該事由が生じた日に電話やメールで連絡してもらい、後日書面で届け出てもらうなどの配慮は必要です。

▶ 第2章第5条「育児休業の期間等」第4〜6項の規定例

第4項［育児休業期間の変更の通知］
育児休業期間変更申出書が提出されたときは、会社は速やかに当該育児休業期間変更申出書を提出した者に対し、育児休業取扱通知書（社内様式2）を交付する。

第5項［育児休業の終了］
次の各号に掲げるいずれかの事由が生じた場合には、育児休業は終了するものとし、当該育児休業の終了日は当該各号に掲げる日とする。
　（1）子の死亡等育児休業に係る子を養育しないこととなった場合
　当該事由が発生した日（なお、この場合において本人が出勤する日は、事由発生の日から2週間以内であって、会社と本人が話し合いの上決定した日とする。）
　（2）育児休業に係る子が1歳に達した場合等
　子が1歳に達した日（第2条第3項に基づく休業の場合を除く。第2条第4項又は第5項に基づく休業の場合は、子が1歳6か月に達した日。第2条第6項又は第7項に基づく休業の場合は、子が2歳に達した日。）
　（3）育休申出者について、産前・産後休業、出生時育児休業、介護休業又は新たな育児休業期間が始まった場合
　産前・産後休業、出生時育児休業、介護休業又は新たな育児休業の開始日の前日
　（4）第2条第3項に基づく休業において、出生日以後の産前・産後休業期間と育児休業（出生時育児休業含む）期間との合計が1年に達した場合
　当該1年に達した日

第6項［終了事由の通知義務］
本条第5項第1号の事由が生じた場合には、育休申出者は原則として当該事由が生じた日に人事部労務課にその旨を通知しなければならない。

▶ 育児休業期間の変更手続きの流れ

育児休業取得期間が決定

↓

従業員が育児休業期間変更申出書を提出　　◀ 休業1回につき1回可能

↓

会社が育児休業取扱通知書を交付　　◀ ・育児休業期間変更の申出を受けた旨
　　　　　　　　　　　　　　　　　・育児休業開始・終了予定日を記載する

変更完了

Chapter3
07

第6条「出生時育児休業の対象者」について定める

☑ 出生時育児休業は日雇従業員以外は取得できる
☑ 労使協定を締結すると対象者を限定できる

🔵 第1項［出生時育児休業の対象者］

　出生時育児休業とは、男性従業員が子どもの出生後8週間以内に、上限を4週間として取得できる育児休業です。産後パパ育休とも呼ばれます（40ページ参照）。

　出生時育児休業も育児休業同様に、原則は日雇従業員を除くすべての労働者が対象となります。有期雇用労働者においても、子どもが生まれた日から起算して8週間を経過する日の翌日（出産予定日前に子が出生した場合は出産予定日とする）から、6カ月を経過するまでに雇用契約期間が満了することが明らかである場合には、対象から除外されます。

　出生時育児休業は男性を主とした制度となります。ただし、養子縁組をした場合など法律の要件を満たす際には、女性も出生時育児休業の対象者となります。

養子縁組
血縁関係にない者同士が法律上の親子関係を生じさせるための制度のこと。

🔵 第2項［労使協定により申出を拒むことができる従業員］

　会社は、育児休業同様に要件を満たした従業員の出生時育児休業の申出を拒むことはできません。ただし、労使協定を締結することによって、出生時育児休業の対象とならない従業員を定めることができます。労使協定により対象外とすることができるのは以下の3つの場合です。

①雇用期間が1年未満の従業員
②出生時育児休業の申出日から8週間以内に雇用が終了する従業員
③1週間の所定労働日数が2日以下の従業員

▶ 第2章第6条「出生時育児休業の対象者」第1〜2項の規定例

> （出生時育児休業の対象者）
> 第6条
> 第1項［出生時育児休業の対象者］
> 育児のために休業することを希望する従業員（日雇従業員を除く）であって、産後休業をしておらず、子の出生日又は出産予定日のいずれか遅い方から8週間以内の子と同居し、養育する者は、この規則に定めるところにより出生時育児休業をすることができる。ただし、有期雇用従業員にあっては、申出時点において、子の出生日又は出産予定日のいずれか遅い方から8週間を経過する日の翌日から6か月を経過する日までに労働契約期間が満了し、更新されないことが明らかでない者に限り、出生時育児休業をすることができる。
>
> 第2項［労使協定により申出を拒むことができる従業員］
> 前項にかかわらず、労使協定により除外された次の従業員からの休業の申出は拒むことができる。
> 　　一　入社1年未満の従業員
> 　　二　申出の日から8週間以内に雇用関係が終了することが明らかな従業員
> 　　三　1週間の所定労働日数が2日以下の従業員

▶ 出生時育児休業の対象者

男性従業員　　　　　　養子縁組をした女性従業員

以下の関係にある子も対象となります
・特別養子縁組のための試験的な養育期間にある子を養育している場合
・養子縁組里親に委託されている子を養育している場合
・実親などが反対したことにより養育里親として委託された子を養育する場合

対象者は主に男性となりますが、養子縁組をした場合など法律の要件を満たす場合には女性も対象になります

Chapter3
08

第7条「出生時育児休業の 申出の手続等」について定める

☑ 申出期限は原則として取得開始日の2週間前
☑ 分割取得をする際でもまとめて申し出てもらう必要がある

🔴 第1項［申出］

　出生時育児休業は、要件を満たした従業員が申出することによって取得することができ、申出は一定の時期に、一定の方法で行う必要があります。

　申出の際には「出生時育児休業申出書」を提出します。出産前に申し出るのであれば出産予定者の氏名や出産予定日、従業員との続柄、休業を開始しようとする日および休業を終了しようとする日などを記載します。

　申出期限は原則として2週間前ですが、職場環境の整備などの措置を労使協定で定めている場合には、申出期限を2週間超から1カ月の範囲内で定めることも可能です。2週間を切ってからの申出に対して、会社が希望通りの日から出生時育児休業を取らせることは問題ありません。

🔴 第2項［取得回数と一括申出］

　出生時育児休業は出生後8週間の間に2分割での取得が認められています。ただし、分割取得をする際には、最初に2回分をまとめて申し出てもらう必要があります。もし1回目の出生時育児休業の申出をしたあとに2回目の申出をした場合には、会社は2回目以降の出生時育児休業に係る申出を拒むことができます。

　なお、会社独自のルールとして法律に示されたものよりも従業員に有利な条件を設定することは問題ありません。そのため、2回の休業をまとめて申し出なくてよいとすることを定めても差し支えありません。

**出生時育児休業
申出書**
出生時育児休業の取得を希望する従業員に提出してもらう社内書類のこと（詳細は140ページ参照）。

▶ 第2章第7条「出生時育児休業の申出の手続等」第1〜2項の規定例

（出生時育児休業の申出の手続等）
第7条
第1項〔申出〕
出生時育児休業をすることを希望する従業員は、原則として出生時育児休業を開始しよう
とする日（以下「出生時育児休業開始予定日」という。）の2週間前（雇用環境整備の取
組実施について労使協定を締結している場合は2週間超1か月以内で、労使協定で定める
期限を記載してください）までに出生時育児休業申出書（社内様式1）を人事部労務課に
提出することにより申し出るものとする。なお、出生時育児休業中の有期雇用従業員が労
働契約を更新するに当たり、引き続き休業を希望する場合には、更新された労働契約期間
の初日を出生時育児休業開始予定日として、出生時育児休業申出書により再度の申出を行
うものとする。

第2項〔取得回数と一括申出〕
第6条第1項に基づく休業の申出は、一子につき2回に分割できる。ただし、2回に分割
する場合は2回分まとめて申し出ることとし、まとめて申し出なかった場合は後の申出を
拒む場合がある。

▶ 出生時育児休業の申出期限

休業したいです！

原則として2週間前までに申出
「出生時育児休業申出書」を提出

当社は2週間を切っ
てからの申出も認め
ています

労使協定で職場環境の整備などの措置を定める場合
提出期限を2週間前から1カ月前の範囲内で定める
ことも可能

規定した「2週間」の期限が守られなかった
場合は会社が指定する日を休業開始日とし
ても問題ありません

第3項〔証明書の提出〕

「出生時育児休業申出書」には子どもの生年月日などを記入します。そのため、配偶者が無事に出産を終えたあとには、確認資料として証明書の提出を求めることができます。

第4項〔取扱通知書の交付義務〕

従業員から出生時育児休業申出書を提出されたあとには、会社から「出生時育児休業取扱通知書」を交付します。おおむね2週間以内に交付するようにしましょう。

通知する項目は以下の3点です。

①出生時育児休業申出を受けた旨

②出生時育児休業開始予定日

③出生時育児休業申出を拒む場合には、その旨およびその理由

第5項〔出生の報告義務〕

出生時育児休業の対象となる子どもが出生したときには、従業員に「出生時育児休業対象児出生届」を提出してもらいます。

併せて子どもの生年月日を確認するための資料も提出してもらいましょう。ただし、官公署が発行する出生届受理証明書など、従業員が用意するのに負担が少ない証明書を求めるようにしましょう。

出生時育児休業取扱通知書
会社が従業員から出生時育児休業の取得申出を受けた際に発行する社内書類のこと（詳細は143ページ参照）。

▶ 第2章第7条「出生時育児休業の申出の手続等」第3〜5項の規定例

第3項［証明書の提出］
会社は、出生時育児休業申出書を受け取るに当たり、必要最小限度の各種証明書の提出を求めることがある。

第4項［取扱通知書の交付義務］
出生時育児休業申出書が提出されたときは、会社は速やかに当該出生時育児休業申出書を提出した者（以下この章において「出生時育休申出者」という。）に対し、出生時育児休業取扱通知書（社内様式2）を交付する。

第5項［出生の報告義務］
申出の日後に申出に係る子が出生したときは、出生時育休申出者は、出生後2週間以内に人事部労務課に出生時育児休業対象児出生届（社内様式3）を提出しなければならない。

▶ 出生時育児休業申出手続きの流れ

出生時育児休業申出書を提出	分割取得でもまとめて申出
会社は出生時育児休業取扱通知書を交付	申出を受けた旨など3点を記載する
出生時育児休業取得が確定	
出生時育児休業対象児出生届を提出	子どもが生まれたあとに提出

MEMO　　出生時育児休業と会社の特別有給休暇は
どちらが優先される？

「配偶者出産休暇」などの名称で、配偶者が出産した際に年次有給休暇とは別に有給休暇を取得できるよう定めている会社も多いでしょう。男性従業員が出生時育児休業の取得を申し出ている場合、配偶者出産休暇は取得できません。そもそも休暇とは所定労働日の労働の義務を免除するしくみです。そのため、出生時育児休業の取得により労働の義務が免除されている日に年次有給休暇は取得できないのです。

Chapter3 09

第8条「出生時育児休業の 申出の撤回等」について定める

☑ 休業開始日の前日までは申出を撤回できる
☑ 撤回した休業は取得したものとみなされる

第1項［申出の撤回］

出生時育児休業は休業を開始する日の前日までであれば、理由を問わず撤回することができます。撤回する際には、従業員は「出生時育児休業申出撤回届」を提出することにより、撤回する旨を申し出ます。

出生時育児休業申出撤回届
従業員が申出を行った育児休業の撤回を届け出る際に使用する社内書類のこと（詳細は146ページ参照）。

第2項［取扱通知書の交付義務］

会社は従業員から出生時育児休業申出撤回届が提出されたら、「出生時育児休業取扱通知書」により撤回の申出を受けたことを通知します。このときに「出生時育児休業の撤回の申出を受けた旨」「出生時育児休業の撤回の申出を拒む場合には、その旨およびその理由」を必ず通知しなければなりません。

出生時育児休業取扱通知書
会社が従業員から育児休業の申出の撤回を受けた際に発行する社内書類のこと（詳細は143ページ参照）。

第3項［撤回後の取扱］

撤回した申出の休業は1回取得したものとみなされます。撤回の申出を行ったあとには、特別の事情がない限り、再度の出生時育児休業を申し出ることはできません。

第4項［取得理由の消滅］

出生時育児休業に入る前に子どもを養育しないこととなった場合には、出生時育児休業の申出はされなかったことになります。たとえば、子の死亡や離縁、子が養子の場合は養子縁組の取消などが該当します。この場合、従業員は会社にその旨を通知しなければなりませんが、書面での通知は義務付けられていません。メールや電話での報告を受け受理したのちに、書面を提出してもらうとよいでしょう。

▶ 第２章第８条「出生時育児休業の申出の撤回等」第１～４項の規定例

（出生時育児休業の申出の撤回等）
第８条
第１項［申出の撤回］
出生時育休申出者は、出生時育児休業開始予定日の前日までは、出生時育児休業申出撤回届（社内様式４）を人事部労務課に提出することにより、出生時育児休業の申出を撤回することができる。

第２項［取扱通知書の交付義務］
出生時育児休業申出撤回届が提出されたときは、会社は速やかに当該出生時育児休業申出撤回届を提出した者に対し、出生時育児休業取扱通知書（社内様式２）を交付する。

第３項［撤回後の取扱］
第６条第１項に基づく休業の申出の撤回は、撤回１回につき１回休業したものとみなし、みなし含め２回休業した場合は同一の子について再度申出をすることができない。

第４項［取得理由の消滅］
出生時育児休業開始予定日の前日までに、子の死亡等により出生時育休申出者が休業申出に係る子を養育しないこととなった場合には、出生時育児休業の申出はされなかったものとみなす。この場合において、出生時育休申出者は、原則として当該事由が発生した日に、人事部労務課にその旨を通知しなければならない。

▶ 出生時育児休業申出の撤回の流れ

業務が立て込んでいるから撤回したい…

男性従業員

出生時育児休業申出撤回届を提出

出生時育児休業取扱通知書を交付

通知事項
・育児休業の撤回の申出を受けた旨
・育児休業の撤回の申出を拒む場合には、その旨およびその理由

会社

子の死亡や離縁、養子縁組の解消の場合には撤回ではなく、休業の取得理由が消滅します

撤回後の取扱
・撤回した申出の休業は取得したものとみなされる
・撤回分含め２回休業した場合は同じ子の出生時育児休業を再度申し出ることができない

Chapter3 10

第9条「出生時育児休業の 期間等」について定める

☑ 28日間休業できる
☑ 特別な事情があれば休業開始日を繰り上げられる

第1項 [休業期間]

　出生時育児休業を取得することができるのは、原則、子どもの出生後8週間以内の期間内で4週間（28日）以内、分割2回までを限度として従業員が申し出た期間です。出生後8週間以内の期間とは、原則として出生日から8週間後までの間となりますが、①出産予定日前に子が生まれた場合、出生日から出産予定日の8週間後まで、②出産予定日後に子が生まれた場合は、出産予定日から出生日の8週間後までとなります。

出産予定日
最終月経の始まる初日を妊娠0週0日としたとき、そこから数えて40週0日にあたる280日目を指す。

第2項 [休業期間の指定]

　従業員が希望通りの日から休業するためには、休業を開始しようとする日の2週間前までに出生時育児休業申出書を提出します。もし申出がこれより遅れた場合は、申出日から2週間後までの間の日において、会社が育児休業開始予定日を指定することができます。この場合でも、一方的に指定するのではなく、できる限り従業員の意向に沿った対応が求められます。

第3項 [休業期間の変更]

　出産予定日よりも早く子どもが出生した場合および配偶者の死亡や病気、負傷などがあった場合、休業を開始する日を繰り上げることができます。繰り上げ変更するには、変更後、休業を開始しようとする日の1週間前までに変更の申出をする必要があります。また、終了日の繰り下げ変更は理由を問わず、出生時育児休業1回につき1回限りで行うことも可能です。その場合は、当初出生時育児休業を終了しようとしていた日の2週間前までに変更の申出をしなければなりません。

▶ 第2章第9条「出生時育児休業の期間等」第1～3項の規定例

（出生時育児休業の期間等）
第9条
第1項［休業期間］
出生時育児休業の期間は、原則として、子の出生後8週間以内のうち4週間（28日）を限度として出生時育児休業申出書（社内様式1）に記載された期間とする。

第2項［休業期間の指定］
本条第1項にかかわらず、会社は、育児・介護休業法の定めるところにより出生時育児休業開始予定日の指定を行うことができる。

第3項［休業期間の変更］
従業員は、出生時育児休業期間変更申出書（社内様式5）により人事部労務課に、出生時育児休業開始予定日の1週間前までに申し出ることにより、出生時育児休業開始予定日の繰り上げ変更を休業1回につき1回、また、出生時育児休業を終了しようとする日（以下「出生時育児休業終了予定日」という。）の2週間前までに申し出ることにより、出生時育児休業終了予定日の繰り下げ変更を休業1回につき1回行うことができる。

▶ 出生時育児休業の休業の指定（例）

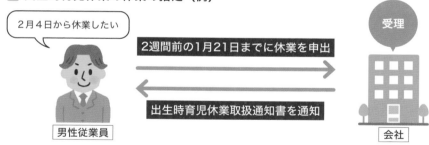

▶ 出生時育児休業の期間の変更手続きの流れ（開始日繰り上げの場合）

出生時育児休業の取得が決定

休業開始日の繰り上げを希望

出生時育児休業期間変更申出書を提出

会社が出生時育児休業取扱通知書を交付

休業開始日の1週間前までに申出

繰り下げ変更を希望する場合は終了予定日の2週間前までに申出を行います

第4項［休業期間の変更の通知］

従業員から出生時育児休業の期間を変更する申出があった際には、会社は変更の申出を受けたことを通知する「出生時育児休業取扱通知書」を交付します。通知する項目は以下の2点です。

①出生時育児休業期間の変更の申出を受けた旨
②出生時育児休業開始予定日および終了予定日

第5項［出生時育児休業の終了］

出生時育児休業は、子どもの出生後8週間以内に、上限を4週間として取得できる育児休業です。出生後8週間を経過したり、4週間の休業を取得したりしたときに終了します。ですが、あくまでも子どもを育児するための休業となるため、子どもの死亡など、従業員本人の意思にかかわらず、その子どもを養育しないこととなった場合、出生時育児休業は終了となります。

第6項［終了事由の通知義務］

休業取得に係る子どもが亡くなったなど、出生時育児休業が終了となる事由が発生したときには、従業員にはその旨を報告する義務があります。書面による通知までは義務付けられていないので、通知方法は会社で検討しておきましょう。原則、当該事由が生じた日に口頭やメールで連絡してもらい、後日書面で届け出てもらうなどの配慮は必要です。

▶ 第2章第9条「出生時育児休業の期間等」第4〜6項の規定例

第4項［休業期間の変更の通知］
出生時育児休業期間変更申出書が提出されたときは、会社は速やかに当該出生時育児休業期間変更申出書を提出した者に対し、出生時育児休業取扱通知書（社内様式2）を交付する。

第5項［出生時育児休業の終了］
次の各号に掲げるいずれかの事由が生じた場合には、出生時育児休業は終了するものとし、当該出生時育児休業の終了日は当該各号に掲げる日とする。
（1）子の死亡等出生時育児休業に係る子を養育しないこととなった場合
当該事由が発生した日（なお、この場合において本人が出勤する日は、事由発生の日から2週間以内であって、会社と本人が話し合いの上決定した日とする。）
（2）子の出生日の翌日又は出産予定日の翌日のいずれか遅い方から8週間を経過する場合
子の出生日の翌日又は出産予定日の翌日のいずれか遅い方から8週間を経過する日
（3）子の出生日（出産予定日後に出生した場合は、出産予定日）以後に出生時育児休業の日数が28日に達した場合
子の出生日（出産予定日後に出生した場合は、出産予定日）以後に出生時育児休業の日数が28日に達した日
（4）出生時育児休申出者について、産前・産後休業、育児休業、介護休業又は新たな出生時育児休業期間が始まった場合
産前・産後休業、育児休業、介護休業又は新たな出生時育児休業の開始日の前日

第6項［終了事由の通知義務］
本条第5項第1号の事由が生じた場合には、出生時育休申出者は原則として当該事由が生じた日に人事部労務課にその旨を通知しなければならない。

第3章
育児・介護休業規程を策定する

MEMO
くるみんマークの取得で 子どもに優しい会社のPRを

くるみんマーク認定は、仕事と子育ての両立支援に積極的に取り組んでいる企業を認定する制度です。「次世代育成支援対策推進法」に基づき厚生労働省が実施しています。くるみんマークの認定を受けるには、「一定水準以上の育児休業取得」や「育児に伴う時短勤務制度の設置」など10の要件からなる認定基準を満たさなければなりません。認定企業にはくるみんマークが付与され、自社製品やホームページ、求人広告に付けることができます。

Chapter3
11

第9条の2「出生時育児休業中の就業」について定める

☑ 出生時育児休業中も就業できる
☑ 就業させる場合はあらかじめ労使協定が締結されていること

🔖 第1項［出生時育児休業中の就業申出］

労使協定で就業することができると定めたときに限り、出生時育児休業中の就業が可能です。もちろん、就業を認めないことも可能です。就業させる場合は、従業員が出生時育児休業開始予定日の1週間前までに就業可能日などを申し出て、会社との間で合意する必要があります。申出の際には以下の3点を書面で通達します。

①就業することができる日
②就業可能な時間帯
③就業場所などの労働条件

また、出生時育児休業中の就業は、時間の制約などもあることから通常の業務よりも限定的になることもあるでしょう。そのため、就業した場合の給与については給与規程に定めておきます。

なお、申出は従業員から「出生時育児休業中の就業可能日等申出書」を提出してもらいましょう。

出生時育児休業中の就業可能日等申出書
出生時育児休業中の就業を希望する従業員に提出してもらう社内書類のこと（詳細は150ページ参照）。

🔖 第2項［休業中の就業日の指定と通知］

会社は、従業員の申出に基づいて休業中の就業日などの指定を行います。ただし、会社は従業員が申し出た日に必ずしも就業させなくても構いません。どの日に就業させるかは「出生時育児休業中の就業日等の提示について」により通知します。

会社から提示を受けた従業員は、「出生時育児休業中の就業日等の［同意・不同意］書」により、提示内容について同意・不同意を申し出ます。その後、「出生時育児休業中の就業日等通知書」により通知し、就業日などが確定することとなります。

▶ 第2章第9条の2「出生時育児休業中の就業」第1～2項の規定例

（出生時育児休業中の就業）

第9条の2

第1項［出生時育児休業中の就業申出］

出生時育児休業中に就業することを希望する従業員は、出生時育児休業中の就業可能日等申出書（社内様式15）を休業開始予定日の1週間前までに人事部労務課に提出すること。なお、1週間を切っても休業前日までは提出を受け付ける。

第2項［休業中の就業日の指定と通知］

会社は、前項の申出があった場合は、申出の範囲内の就業日等を申出書を提出した従業員に対して提示する（社内様式17）。就業日がない場合もその旨通知する。従業員は提示された就業日等について、出生時育児休業中の就業日等の同意・不同意書（社内様式18）を人事部労務課に提出すること。休業前日までに同意した場合に限り、休業中に就業することができる。会社と従業員の双方が就業日等に合意したときは、会社は速やかに出生時育児休業中の就業日等通知書（社内様式20）を交付する。

▶ 出生時育児休業中の就業申出の流れ

大前提

労使協定の締結

労働組合または
従業員の過半数代表者

会社

労使協定の締結なしには出生時育児休業中の就業は認められません

[従業員] 出生時育児休業中の就業可能日等申出書を提出

[会社] 「出生時育児休業中の就業日等の提示について」を発行

[従業員] 出生時育児休業中の就業日等の[同意・不同意]書を提出

[会社] 出生時育児休業中の就業日等通知書を発行

第3項［出生時育児休業中の就業上限と変更・撤回］

出生時育児休業では、無制限に就労できるわけではありません。就業上限は「休業期間中の所定労働日・所定労働時間の半分」「休業開始・終了予定日を就業日とする場合は当該日の所定労働時間数未満」です。

また、育児休業給付金を受給する際には、出生時育児休業を28日間（最大取得日数）取得する場合は10日（10日を超える場合は80時間）まで、これより短い場合はそれに比例した日数または時間数までが受給の要件となります。これを超過して就業した場合には支給されませんので、注意が必要です。

第4項［就業可能日等確定前の変更・撤回］

従業員は出生時育児休業の開始前日までに申し出ることで、すでに申し出た就業可能日などの変更や撤回をすることができます。その際、変更を求める場合「出生時育児休業中の就業可能日等変更申出書」を、撤回する場合は「出生時育児休業中の就業可能日等申出撤回届」を、提出してもらいます。変更や撤回の申出が従業員からあったときには、「出生時育児休業中の就業日等の提示について」で、変更や撤回の申出があったことを通知します。

第5項［休業開始後の就業日等の撤回］

就業日数等が確定していても、従業員は出生時育児休業の開始前日までに申し出ることで、すでに申し出た就業日などを撤回することができます。その際は「出生時育児休業中の就業日等撤回届」を提出してもらいます。撤回の申出が従業員からあったときには、「出生時育児休業中の就業日等通知書」で、変更や撤回の申出があったことを通知します。

ただし、出生時育児休業が開始したあとは、原則として、就業日や時間などの変更はできません。配偶者が亡くなったなど特別な事情があるときに限り、撤回できます。

出生時育児休業中の就業日等の提示について
従業員の申出に基づき、会社が就業日等の提示を行うための書式のこと（詳細は152ページを参照）。

▶ 第2章第9条の2「出生時育児休業中の就業」第3～5項の規定例

第3項［出生時育児休業中の就業上限と変更・撤回］
出生時育児休業中の就業上限は、次のとおりとする。
　　一　就業日数の合計は、出生時育児休業期間の所定労働日数の半分以下（一日未満の
　　　　端数切り捨て）
　　二　就業日の労働時間の合計は、出生時育児休業期間の所定労働時間の合計の半分以
　　　　下
　　三　出生時育児休業開始予定日又は出生時育児休業終了予定日に就業する場合は、当
　　　　該日の所定労働時間数に満たない時間

第4項［就業可能日等確定前の変更・撤回］
本条第1項の申出を変更する場合は出生時育児休業中の就業可能日等変更申出書（社内様
式15）を、撤回する場合は出生時育児休業中の就業可能日等申出撤回届（社内様式16）を
休業前日までに人事部労務課に提出すること。就業可能日等申出撤回届が提出された場合
は、会社は速やかに申出が撤回されたことを通知する（社内様式17）。

第5項［休業開始後の就業日等の撤回］
本条第2項で同意した就業日等を全部又は一部撤回する場合は、出生時育児休業中の就業
日等撤回届（社内様式19）を休業前日までに人事部労務課に提出すること。出生時育児休
業開始後は、次に該当する場合に限り、同意した就業日等の全部又は一部を撤回すること
ができる。出生時育児休業中の就業日等撤回届が提出されたときは、会社は速やかに出生
時育児休業中の就業日等通知書（社内様式20）を交付する。
　　一　出生時育児休業申出に係る子の親である配偶者の死亡
　　二　配偶者が負傷、疾病又は身体上若しくは精神上の障害その他これらに準ずる心身
　　　　の状況により出生時育児休業申出に係る子を養育することが困難な状態になった
　　　　こと
　　三　婚姻の解消その他の事情により配偶者が出生時育児休業申出に係る子と同居しな
　　　　いこととなったこと
　　四　出生時育児休業申出に係る子が負傷、疾病又は身体上若しくは精神上の障害その
　　　　他これらに準ずる心身の状況により、2週間以上の期間にわたり世話を必要とす
　　　　る状態になったとき

第3章

育児・介護休業規程を策定する

▶ 出生時育児休業中の就業変更・撤回可能日

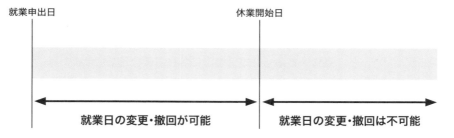

085

Chapter3
12

第10条「介護休業の対象者」について定める

☑ 日雇従業員以外は取得できる休業
☑ 労使協定を締結すると対象者を限定できる

第1項［介護休業の対象者］

　介護休業とは、負傷、疾病、身体上もしくは精神上の障害により2週間以上の期間にわたって常時介護を必要とする要介護状態にある家族を介護するための休業です。介護休業を取得することができるのは、原則、日雇従業員を除く要介護状態にある家族を介護する男女の従業員です。また、有期雇用従業員は、「休業開始予定日から起算して93日を経過する日から6カ月を経過する日までに契約期間が満了し、更新されないことが明らかでないこと」という要件を満たした場合に、対象従業員となります。

　なお、2022年3月31日までは有期雇用労働者が介護休業を取得するには「入社1年以上であること」という要件がありましたが、2022年4月1日よりこの要件が撤廃されました。

第2項［労使協定により申出を拒む従業員］

　労使協定の締結により、入社1年未満の従業員などから介護休業の申出があった際には介護休業の取得を拒むことができます。2022年4月1日以降、有期雇用労働者からの申出は「入社1年以上であること」という要件が撤廃されたと説明しましたが、労使協定で「入社1年未満の有期雇用労働者は介護休業を取得できない」と締結することは可能です。

第3項［要介護状態にある家族の定義］

要介護
介護保険サービスを受けるための要支援・要介護認定とは異なる。

　要介護とは、介護保険法における要介護2以上または「常時介護を必要とする状態に関する判断基準」をもとに判断される状態のことです。家族の範囲は、配偶者（事実婚を含む）、父母、子、配偶者の父母、祖父母、兄弟姉妹、孫になります。

▶ 第3章第10条「介護休業の対象者」第1～3項の規定例

第3章　介護休業制度

（介護休業の対象者）
第10条
第1項［介護休業の対象者］
要介護状態にある家族を介護する従業員（日雇従業員を除く）は、この規則に定めるところにより介護休業をすることができる。ただし、有期雇用従業員にあっては、申出時点において、介護休業を開始しようとする日（以下、「介護休業開始予定日」という。）から93日経過日から6か月を経過する日までに労働契約期間が満了し、更新されないことが明らかでない者に限り介護休業をすることができる。

第2項［労使協定により申出を拒む従業員］
本条第1項にかかわらず、労使協定により除外された次の従業員からの休業の申出は拒むことができる。
　　　　　一　入社1年未満の従業員
　　　　　二　申出の日から93日以内に雇用関係が終了することが明らかな従業員
　　　　　三　1週間の所定労働日数が2日以下の従業員

第3項［要介護状態にある家族の定義］
この要介護状態にある家族とは、負傷、疾病又は身体上若しくは精神上の障害により、2週間以上の期間にわたり常時介護を必要とする状態にある次の者をいう。
　　　　　（1）配偶者
　　　　　（2）父母
　　　　　（3）子
　　　　　（4）配偶者の父母
　　　　　（5）祖父母、兄弟姉妹又は孫
　　　　　（6）上記以外の家族で会社が認めた者

▶ 有期雇用労働者の介護休業取得要件

要件を満たす場合

自動更新

1年契約　1年契約　1年契約　1年契約

申出　休業開始予定日　休業開始予定日から93日経過日から6カ月を経過する日

第11条「介護休業の申出の手続等」について定める

☑ 法令で定められた申出期間がある
☑ 対象家族1人につき93日休業できる

🔵 第1項［申出］

介護休業は、要件を満たした従業員が申出をすることで取得できる休業です。申出の手続き方法も明確にしましょう。取得を希望する従業員には「介護休業申出書」を提出してもらいます。

また、有期雇用労働者は申出の時点で雇用契約期間を超えた介護休業の期間を申し出ることはできません。雇用契約がない期間に対して休業するという点で整合性が取れないからです。そのため、一旦は雇用契約期間の終了日までを介護休業の期間とし、契約が更新されたときに再度、介護休業の申出をしてもらいます。

介護休業申出書
介護休業の取得を希望する従業員に提出してもらう社内書類のこと。

🔵 第2項［介護休業の取得回数］

介護休業は対象家族1人につき3回まで取得できます。ただし、1人につき通算93日までです。

🔵 第3項［証明書の提出］

会社は介護休業申出書の内容を確認するための資料として、従業員に証明書の提出を求めることができます。ただし、従業員が用意するのに負担の少ないものを求めるべきとされています。

🔵 第4項［取扱通知書の交付義務］

従業員から介護休業の申出を受けた際、会社はその旨を申出をした従業員に通知します。通知する項目は以下の3点です。

①介護休業申出を受けた旨
②介護休業開始予定日および終了予定日
③介護休業申出を拒む場合には、その旨およびその理由

▶ 第3章第11条「介護休業の申出の手続等」第1～4項の規定例

（介護休業の申出の手続等）
第11条
第1項［申出］
介護休業をすることを希望する従業員は、原則として介護休業開始予定日の2週間前までに、介護休業申出書（社内様式6）を人事部労務課に提出することにより申し出るものとする。なお、介護休業中の有期雇用従業員が労働契約を更新するに当たり、引き続き休業を希望する場合には、更新された労働契約期間の初日を介護休業開始予定日として、介護休業申出書により再度の申出を行うものとする。

第2項［介護休業の取得回数］
申出は、対象家族1人につき3回までとする。ただし、本条第1項の後段の申出をしようとする場合にあっては、この限りでない。

第3項［証明書の提出］
会社は、介護休業申出書を受け取るに当たり、必要最小限度の各種証明書の提出を求めることがある。

第4項［取扱通知書の交付義務］
介護休業申出書が提出されたときは、会社は速やかに当該介護休業申出書を提出した者（以下この章において「申出者」という。）に対し、介護休業取扱通知書（社内様式2）を交付する。

▶ 介護休業の利用期間

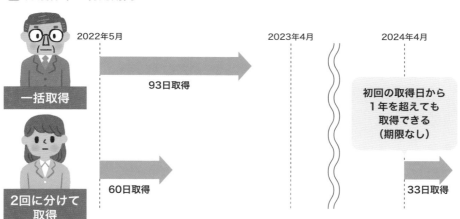

Chapter3 14

第12条「介護休業の申出の撤回等」について定める

☑ 介護休業は理由なしに撤回できる
☑ 撤回を受け付けたら通知書を交付する

第1項［申出の撤回］

介護休業は、開始日の前日までであれば理由を問わず休業を撤回することができます。撤回するときは、従業員に「介護休業申出撤回届」を提出してもらいましょう。そこに撤回する旨と、撤回申出の年月日を記載してもらいます。

介護休業申出撤回届
一度申し出た介護休業を撤回するときに従業員に提出してもらう社内書類のこと。

第2項［取扱通知書の交付義務］

従業員から介護休業の申出を撤回すると申出があったときには、会社は撤回の申出を受けたことをその従業員に通知します。そこで「介護休業取扱通知書」を作成し、通知します。通知する項目は以下の2点です。

　①介護休業の撤回の申出を受けた旨
　②介護休業の撤回の申出を拒む場合は、その旨およびその理由

第3項［介護休業の再度の申請］

介護休業の申出は撤回可能ですが、同じ対象家族について2回連続して介護休業の申出を撤回した場合には、それ以降の介護休業の申出について、会社は拒むことができます。

第4項［介護休業取得理由の消滅］

介護休業に入る前に対象家族が亡くなったなど、介護をする理由がなくなったときにはそもそも介護休業の申出がなされなかったものとみなします。

これは第1項の撤回とは異なり、従業員から申出がなくとも介護休業の取得は消滅します。会社がその事実を把握するために、従業員から会社にその事実を通知してもらわなければなりません。

▶ 第3章第12条「介護休業の申出の撤回等」第1～4項の規定例

（介護休業の申出の撤回等）
第12条
第1項［申出の撤回］
申出者は、介護休業開始予定日の前日までは、介護休業申出撤回届（社内様式4）を人事部労務課に提出することにより、介護休業の申出を撤回することができる。

第2項［取扱通知書の交付義務］
介護休業申出撤回届が提出されたときは、会社は速やかに当該介護休業申出撤回届を提出した者に対し、介護休業取扱通知書（社内様式2）を交付する。

第3項［介護休業の再度の申請］
同一対象家族について2回連続して介護休業の申出を撤回した者について、当該家族について再度の申出はすることができない。ただし、会社がこれを適当と認めた場合には、申し出ることができるものとする。

第4項［介護休業取得理由の消滅］
介護休業開始予定日の前日までに、申出に係る家族の死亡等により申出者が家族を介護しないこととなった場合には、介護休業の申出はされなかったものとみなす。この場合において、申出者は、原則として当該事由が発生した日に、人事部労務課にその旨を通知しなければならない。

▶ 介護休業の申出の撤回の流れ

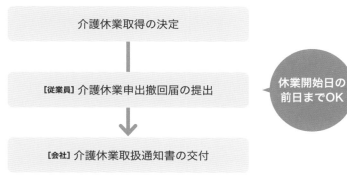

介護休業取得の決定

↓

［従業員］介護休業申出撤回届の提出

休業開始日の前日までOK

↓

［会社］介護休業取扱通知書の交付

同じ対象家族について2回連続でこのやりとりを行った場合、それ以降の介護休業の申出を会社は拒めます

Chapter3
15

第13条「介護休業の期間等」について定める

☑ 介護休業は93日間の休業となる
☑ 申出は休業開始日の2週間前までに行う

第1項［介護休業の期間］

　介護休業は対象家族1人につき93日間休業できる制度です。93日には、介護休業を取得している期間の土日・祝日といった休日も含まれます。

　なお、介護休業の1回の取得期間については育児・介護休業法上規定はなく、通算93日までの従業員が申し出た期間取得できようになっています。そのため会社独自の規定として、1回の最低取得期間を設けることは認められていません。

第2項［介護休業開始日の指定］

　介護休業の申出は、原則、休業を開始しようとする日の2週間前までに行うことになっています。従業員からの申出がこの期日より遅れた場合は、従業員が申出をした日の翌日から2週間以内の日を、会社が介護休業の開始予定日として指定することができます。

　ただし、家族の様態が急変したなど、早急に休業を取得したい場合は、会社判断で適宜休業を取得させるとよいでしょう。

第3項［介護休業期間の変更］

　介護休業は、休業終了予定日の2週間前までに従業員が申し出ることで、1回の申出ごとの休業につき1回に限り、事由を問わず休業終了予定日を繰り下げ変更できます。

介護休業期間変更申出書
一度申し出た介護休業の取得期間を変更するときに従業員に提出してもらう社内書類のこと。

　ただし、対象家族1人につき93日という上限は変わらないため、繰り下げ変更を受理する場合は取得可能日数に収まっているか確認しましょう。申出は、「介護休業期間変更申出書」で行います。

▶ 第3章第13条「介護休業の期間等」第1～3項の規定例

（介護休業の期間等）
第13条
第1項［介護休業の期間］
介護休業の期間は、対象家族1人につき、原則として、通算93日の範囲内で、介護休業申出書（社内様式6）に記載された期間とする。

第2項［介護休業開始日の指定］
本条第1項にかかわらず、会社は、育児・介護休業法の定めるところにより介護休業開始予定日の指定を行うことができる。

第3項［介護休業期間の変更］
従業員は、介護休業期間変更申出書（社内様式5）により、介護休業を終了しようとする日（以下「介護休業終了予定日」という。）の2週間前までに人事部労務課に申し出ることにより、介護休業終了予定日の繰下げ変更を行うことができる。
この場合において、介護休業開始予定日から変更後の介護休業終了予定日までの期間は通算93日の範囲を超えないことを原則とする。

▶ 介護休業期間の繰り下げ変更例

2023年4月1日から4月30日まで介護休業を取得

［従業員］2023年4月14日に「10日繰り下げ」を希望

休業終了
予定日の
2週間前まで
OK

［会社］繰り下げの希望を受理

介護休業取扱
通知書で通知

［従業員］5月10日までの休業に変更

第4項 [介護休業期間の変更の通知]

介護休業取扱通知書
従業員に対して会社
が発行する社内書類
のこと。

　従業員から介護休業期間変更申出書を提出された際には、会社が「介護休業取扱通知書」によって申出を受けたことを通知します。介護休業取扱通知書に記載する項目は、以下の2点です。

　①介護休業期間の変更の申出を受けた旨

　②介護休業開始予定日および終了予定日

第5項 [介護休業の終了]

　取得可能期間を迎えると介護休業は終了しますが、介護休業中に休業の対象となる要介護状態にある家族が亡くなったなど、介護をする理由がなくなったときにも終了します。

第6項 [終了事由の通知義務]

　介護休業が終了する事由が発生した場合には、従業員はその事実を会社に通知しなければなりません。書面による通知までは義務付けられていないので、通知方法は会社で検討しておきましょう。原則、当該事由が生じた日に電話やメールで連絡してもらい、後日書面で届け出てもらうなどの配慮は必要です。

▶ 第3章第13条「介護休業の期間等」第4〜6項の規定例

第4項［介護休業期間の変更の通知］
介護休業期間変更申出書が提出されたときは、会社は速やかに当該介護休業期間変更申出書を提出した者に対し、介護休業取扱通知書（社内様式2）を交付する。

第5項［介護休業の終了］
次の各号に掲げるいずれかの事由が生じた場合には、介護休業は終了するものとし、当該介護休業の終了日は当該各号に掲げる日とする。
  （1）家族の死亡等介護休業に係る家族を介護しないこととなった場合
  当該事由が発生した日（なお、この場合において本人が出勤する日は、事由発生の日から2週間以内であって、会社と本人が話し合いの上決定した日とする。）
  （2）申出者について、産前・産後休業、育児休業、出生時育児休業又は新たな介護休業が始まった場合
  産前・産後休業、育児休業、出生時育児休業又は新たな介護休業の開始日の前日

第6項［終了事由の通知義務］
本条第5項第1号の事由が生じた場合には、申出者は原則として当該事由が生じた日に人事部労務課にその旨を通知しなければならない。

MEMO

介護休業の期間

育児休業期間が最長2年なのに対し、介護休業は最長93日が取得可能日数となっています。生命保険文化センターが発表した「生命保険に関する全国実態調査」（2021年度）によると、介護を行った期間は平均61.1カ月（5年1カ月）でした。この期間を踏まえると、介護休業の93日という期間は短く感じるでしょう。実は、介護休業とは「本人が介護をするため」だけの休業ではありません。家族が介護を必要とする状態になった場合に、ケアマネージャーに相談したり、介護サービスを選択したりといった、介護の準備や手続きのための期間なのです。

Chapter3 16

第14条「子の看護休暇」について定める

☑ 小学校入学前の子どもを育てる従業員が取得できる休暇
☑ 無給か有給かは会社が決めてよい

第1項［子の看護休暇の制度と対象者］

子の看護休暇とは、子どもがケガや病気をして世話が必要なときや、子どもに予防接種や健康診断を受けさせるときに取得できる休暇です。子どもが1人のときは年間5日間、2人以上のときは年間10日間の休暇を取得できます。なお、この日数以上の日数を会社が任意で決めることもできます。

取得対象者となるのは、原則として日雇従業員を除く小学校入学前の子どもを育てる従業員が該当しますが、労使協定を締結していれば入社6カ月未満の従業員や、1週間の所定労働日数が2日以下の従業員からの申出を拒めます。

予防接種
子どもは13歳を迎えるまでに、B型肝炎や日本脳炎など10種類の予防接種を無償で受けることができる。

健康診断
子どもは3～4カ月健診、6～7カ月健診など、3歳を迎えるまで定期的に健康診断を無償で受けることができる。

第2項［休暇取得の単位］

子の看護休暇は、従業員の希望に応じて1日単位または1時間単位で取得できます。法令上は時間単位で取得する場合は始業時間から連続する時間または終業時間まで連続する時間が対象ですが、会社独自に中抜けを認めることも可能です。

また、業務の性質や業務の実施体制の観点から時間単位で取得するのが困難な場合、労使協定を締結すれば取得単位を1日単位に限定することもできます。

第3項［申出方法］

子の看護休暇を取得するにあたり、書面で申し出る義務はありません。口頭での申出も可能です。また、休暇の目的の性質を考慮して、当日に電話で会社に申出があったとしてもそれを拒むことはできません。できればあとから書面を提出してもらうようにしましょう。

▶ 第4章第14条「子の看護休暇」第1〜3項の規定例

第4章　子の看護休暇

（子の看護休暇）

第14条

第1項［子の看護休暇の制度と対象者］

小学校就学の始期に達するまでの子を養育する従業員（日雇い従業員を除く）は、負傷し、又は疾病にかかった当該子の世話をするために、又は当該子に予防接種や健康診断を受けさせるために、就業規則第○条に規定する年次有給休暇とは別に、当該子が1人の場合は1年間につき5日、2人以上の場合は1年間につき10日を限度として、子の看護休暇を取得することができる。この場合の1年間とは、4月1日から翌年3月31日までの期間とする。ただし、労使協定によって除外された次の従業員からの看護休暇の申出を拒むことができる。

　　　一　入社6か月未満の従業員

　　　二　1週間の所定労働日数が2日以下の従業員

第2項［休暇取得の単位］

子の看護休暇は、時間単位で始業時刻から連続又は終業時刻まで連続して取得することができる。

第3項［申出方法］

取得しようとする者は、原則として、子の看護休暇申出書（社内様式7）を事前に人事部労務課に申し出るものとする。

▶ 子の看護休暇の取得要件

原則：小学校入学前の子どもを育てる従業員が該当

| 体調を崩して看病しなければならないとき | ケガした子どもを病院に連れていくとき | 予防接種や健康診断を受けさせるとき |

【子どもが1人の場合】

年間5日取得できます

【子どもが2人以上の場合】

年間10日取得できます

第4項 ［給与の取扱］

　子の看護休暇を無給にするか有給にするかは会社が決めることができます。あらかじめ取扱を決定し、給与規程に明記しておきましょう。

　子の看護休暇を無給としている会社の場合、「熱を出した子どもを看病するために仕事を休みたいが、年次有給休暇が余っているので子の看護休暇は取得しない」というケースも生じるでしょう。年次有給休暇を選択するか子の看護休暇を選択するかは、従業員本人の選択に委ねられます。そのため会社が使い方を指定することはできません。

　ただし、年次有給休暇の残りもなく子の看護休暇を使わない場合は、欠勤扱いになります。欠勤となると評価や査定の対象になるので、会社は積極的に子の看護休暇の取得を促しましょう。

第5項 ［賞与の取扱］

パート
同じ事業所で雇用されている通常の従業員と比較して、1週間の所定労働時間が短い従業員のこと。

　子の看護休暇を取得した日数分を賞与の算定対象期間に含めないことも可能です。しかし、取得することで、正社員をパートに切り替えたり休んだ時間分より多くの賃金を控除したりするなどの不利益な取扱をするのは禁止されています。

第6項 ［昇給・退職金の取扱］

　子の看護休暇を取得した日数分を昇給や退職金の算定対象期間に含めないことも可能です。しかし、取得することで、正社員をパートに切り替えたり休んだ時間分より多くの時間分を控除したりするなどの不利益な取扱をするのは禁止されています。

▶ 第4章第14条「子の看護休暇」第4〜6項の規定例

第4項［給与の取扱］
本制度の適用を受ける間の給与については、別途定める給与規程に基づく労務提供のなかった時間分に相当する額を控除した額を支給する。

第5項［賞与の取扱］
賞与については、その算定対象期間に本制度の適用を受ける期間がある場合においては、労務提供のなかった時間に対応する賞与は支給しない。

第6項［昇給・退職金の取扱］
定期昇給及び退職金の算定に当たっては、本制度の適用を受ける期間を通常の勤務をしているものとみなす。

▶ 子の看護休暇の取扱ポイント

給与
子の看護休暇を無給にするか有給にするかは会社が決める

賞与
子の看護休暇を取得した日数分は賞与の算定対象期間に含めないことができる

昇給・退職金
子の看護休暇を取得した日数分は昇給や退職金の算定対象期間に含めないことができる

いずれも子の看護休暇の取得により不利益な取扱をすることは禁止されています

MEMO

子の看護休暇を取得した従業員に証明書の提出を求められる

子の看護休暇は法令で利用目的が定められた休暇です。そのため会社は、従業員からの申出時に休暇の利用目的を確認したり、休暇取得後に従業員に証明書を提出させたりと、利用目的通りに休暇を利用したかを確かめることができます。子の看護休暇は無給とすることも可能ですが、次世代育成の観点などから有給の休暇と定めている企業も見受けられます。とくに有給としている場合は、本来の目的で取得しているのかを確認するために証明書の提出を求めてもよいでしょう。

ただし、証明書は従業員が用意する際に過大な負担が生じないものにすべきです。子どもが受診した医療機関の領収書や、保育所を休んだことがわかる連絡帳のコピーなどを用意してもらいましょう。

Chapter3
17

第15条「介護休暇」について定める

☑ 介護のために年間5日休暇を取得できる
☑ 時間単位で取得できる

第1項［介護休暇の制度と対象者］

　介護休暇とは、従業員が要介護状態にある家族の介護や世話をするための休暇のことです。通院の付き添いや介護サービスの手続き代行、ケアマネジャーとの短時間の打ち合わせ時などに活用できます。取得できる日数は、対象家族が1人の場合は年5日まで、2人以上の場合は年10日までです。

　休暇を取得できるのは、原則として日雇従業員を除くすべての従業員です。ただし、労使協定を締結すれば、入社6カ月未満の従業員や1週間の所定労働日数が2日以下の従業員は対象外になります。

第2項［休暇取得の単位］

　介護休暇は、従業員の希望に応じて1日または時間単位で取得できます。時間単位で取得する場合、法令上は始業時間から連続する時間または終業時間まで連続する時間が対象ですが、会社独自に中抜けを認めることも可能です。

第3項［申出方法］

　介護休暇を取得するにあたり、書面で申し出る義務はありません。口頭での申出も可能ですが、原則として「子の看護休暇・介護休暇申出書」を事前に提出してもらうよう定めるとトラブルを防げます。

子の看護休暇・介護休暇申出書
子の看護休暇や介護休暇の取得を希望する従業員に提出してもらう社内書類のこと（156ページ参照）。

▶ 第5章第15条「介護休暇」第1〜3項の規定例

第5章　介護休暇

（介護休暇）
第15条
第1項［介護休暇の制度と対象者］
要介護状態にある家族の介護その他の世話をする従業員（日雇従業員を除く）は、就業規則第○条に規定する年次有給休暇とは別に、当該家族が1人の場合は1年間につき5日、2人以上の場合は1年間につき10日を限度として、介護休暇を取得することができる。この場合の1年間とは、4月1日から翌年3月31日までの期間とする。ただし、労使協定によって除外された次の従業員からの介護休暇の申出は拒むことができる。
　　　一　入社6か月未満の従業員
　　　二　1週間の所定労働日数が2日以下の従業員

第2項［休暇取得の単位］
介護休暇は、時間単位で始業時刻から連続又は終業時刻まで連続して取得することができる。

第3項［申出方法］
取得しようとする者は、原則として、介護休暇申出書（社内様式7）を事前に人事部労務課に申し出るものとする。

▶ 介護休暇の取得時間

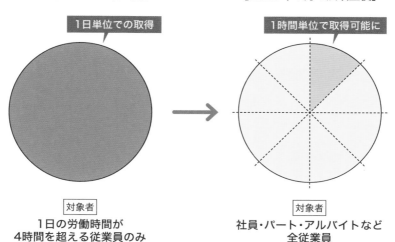

［2021年1月の法改正前］

1日単位での取得

対象者
1日の労働時間が
4時間を超える従業員のみ

［2021年1月の法改正後］

1時間単位で取得可能に

対象者
社員・パート・アルバイトなど
全従業員

4項［給与の取扱］

　介護休暇を無給にするか有給にするかは会社が決めることができます。あらかじめ取扱を決定し、給与規程に明記しておきましょう。

　介護休暇を無給としている会社の場合、「ケアマネジャーと介護の相談をしたいが、年次有給休暇が余っているので介護休暇は取得しない」というケースも生じるでしょう。年次有給休暇を選択するか介護休暇を選択するかは、従業員本人の選択に委ねられます。そのため会社が使い方を指定することはできません。

　ただし、年次有給休暇の残りもなく介護休暇も使わない場合は、欠勤扱いになります。欠勤となると評価や査定の対象になるので、会社は積極的に介護休暇の取得を促しましょう。

第5項［賞与の取扱］

　介護休暇を取得した期間は賞与の算定に含めないことが可能です。しかし、取得することで、正社員をパートに切り替えたり休んだ時間分より多くの賃金を控除したりするなどの不利益な取扱をするのは禁止されています。

第6項［昇給・退職金の取扱］

　介護休暇を取得した期間を昇給や退職金の算定に含めないことが可能です。しかし、取得することで、正社員をパートに切り替えたり休んだ時間分より多くの賃金を控除したりするなどの不利益な取扱をするのは禁止されています。

▶ 第5章第15条「介護休暇」第4～6項の規定例

第4項［給与の取扱］
本制度の適用を受ける間の給与については、別途定める給与規程に基づく労務提供のなかった時間分に相当する額を控除した額を支給する。

第5項［賞与の取扱］
賞与については、その算定対象期間に本制度の適用を受ける期間がある場合においては、労務提供のなかった時間に対応する賞与は支給しない。

第6項［昇給・退職金の取扱］
定期昇給及び退職金の算定に当たっては、本制度の適用を受ける期間を通常の勤務をしているものとみなす。

▶ 介護休業と介護休暇の違い

	介護休業	介護休暇
目的	長期的な介護等のための休暇	突発的、短期的な介護・世話のための休暇
取得可能日数	対象家族1人につき93日まで	対象家族1人につき年間5日まで
申請方法	開始日の2週間前までに書面で申請	当日の申請も可能
給付金	要件に該当すれば介護休業給付金がもらえる	給付金はなし

MEMO
子の看護休暇・介護休暇の存在意義

子の看護休暇や介護休暇を無給とする企業が多くあるため、「無給なら欠勤と変わらないのでは」という意見をよく聞きます。しかし、これらの休暇と欠勤は労働法上では位置付けが異なります。本来、従業員には所定労働日に労務の提供をする義務があるため、欠勤により労務の提供が行われない場合には労働法上、「労働契約の不履行」とみなされます。一方、子の看護休暇・介護休暇は要件に該当した従業員に与えられる「休む権利」を補償したものであるため、労働契約の不履行にはあたりません。また、取得したことによる不利益な取扱が禁止されています。

Chapter3
18

第16条「育児・介護のための所定外労働の制限」について定める

☑ **3歳未満の子を持つ従業員が請求できる制度**
☑ **請求回数に制限はない**

第1項［所定外労働の制限の制度］

所定労働時間
会社が就業規則で定めている労働時間のこと。法定労働時間を超えない範囲で設定しなければならない。

　雇用契約であらかじめ所定労働時間を定めており、会社はその時間を超えて働くこと（いわゆる残業）を求めることがあります。しかし、3歳未満の子どもを養育する従業員または要介護状態にある家族を介護する従業員が「所定外労働の制限」を請求したときは、会社は事業の正常な運営に支障がある場合を除き、所定労働時間を超えて残業させることができません。

　事業の正常な運営に支障がある場合とは、「制限を請求した従業員を就業させなければ会社が倒産してしまう」というような、会社の存続に影響を与える状況を指します。

第2項［対象者］

　所定外労働の制限を請求できる対象者は、日雇従業員を除く従業員です。ただし、労使協定を締結することで、入社1年未満の従業員や1週間の所定労働日数が2日以下の従業員を対象外とすることができます。

　また、労働基準法の41条で労働時間・休憩・休日に関する規定の適用が除外されている者（管理監督者等）に該当する従業員は本制度を利用できません。労働基準法上の管理監督者とは、就業時間を自分の裁量で決定することができ、給与などの面でその地位にふさわしい、ほかの一般従業員とは明確に異なる待遇を受けている人を指します。管理監督者には働き方を管理する権限も与えられているので、自分の労働時間もコントロールしなければならず、所定外労働の制限の対象者には該当しません。

▶ 第６章第16条「育児・介護のための所定外労働の制限」第１～２項の規定例

第６章　所定外労働の制限

（育児・介護のための所定外労働の制限）
第16条
第１項［所定外労働の制限の制度］
　３歳に満たない子を養育する従業員（日雇従業員を除く）が当該子を養育するため、又は
要介護状態にある家族を介護する従業員（日雇従業員を除く）が当該家族を介護するため
に請求した場合には、事業の正常な運営に支障がある場合を除き、所定労働時間を超えて
労働をさせることはない。

第２項［対象者］
本条第１項にかかわらず、労使協定によって除外された次の従業員からの所定外労働の制
限の請求は拒むことができる。
　　（１）入社１年未満の従業員
　　（２）１週間の所定労働日数が２日以下の従業員

▶ 法定外労働と所定外労働の違い

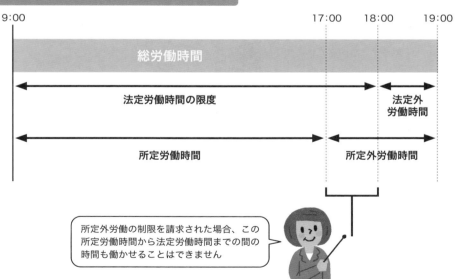

始業時刻9:00、終業時刻17:00の会社の場合

所定外労働の制限を請求された場合、この
所定労働時間から法定労働時間までの間の
時間も働かせることはできません

第3項 [請求方法]

所定外労働の制限を請求したい従業員は、制限開始を希望する日の1カ月前までに、「所定外労働制限請求書」を提出しなければなりません。もし予定日の1カ月前よりあとに請求された場合は、会社は従業員が請求した開始予定日からの制限を認めなくてもかまいません。また、本制度の請求回数に制限はありません。

所定外労働制限請求書
所定外労働の制限を請求したい従業員に提出してもらう社内書類のこと（詳細は158ページ参照）。

第4項 [証明書の提出]

会社は、制度の利用を請求してきた従業員が制度の対象者であるかを確認するために、証明書の提出を求めることができます。証明書は、従業員が用意するのに負担の少ないものを求めるべきとされています。

第5項 [出生の報告義務]

対象となる子どもが出生したときは、従業員に「所定外労働制限対象児出生届」を提出してもらいましょう。

所定外労働制限対象児出生届
所定外労働の制限を申し出た従業員にその対象となる子どもが生まれた際に提出してもらう社内書類のこと（詳細は145ページ参照）。

第6項 [制度利用の理由の消滅]

制度を利用する前に対象の子どもや家族が亡くなったなど、制度を利用する理由がなくなったときは制度を利用することはできません。

第7項 [制度利用の終了]

子どもが3歳になったときに制度の利用は終了します。その他制度を利用する理由がなくなったときも制度の利用は終了します。また、制度利用中の従業員が妊娠し、産前産後休業が始まったときなどにも制度の利用は終了します。

第8項 [制度終了事由の通知義務]

制度を終了する事由が発生した場合には、従業員はその事実を会社に通知しなければなりません。この通知は書面などにより行うことが義務付けられていませんが、メールや電話での報告を受けて受理したのちに、書面を提出してもらうとよいでしょう。

▶ 第6章第16条「育児・介護のための所定外労働の制限」第3〜8項の規定例

第3項 ［請求方法］
請求をしようとする者は、1回につき、1か月以上1年以内の期間（以下この条において「制限期間」という。）について、制限を開始しようとする日（以下この条において「制限開始予定日」という。）及び制限を終了しようとする日を明らかにして、原則として、制限開始予定日の1か月前までに、育児・介護のための所定外労働制限請求書（社内様式8）を人事部労務課に提出するものとする。この場合において、制限期間は、次条第3項に規定する制限期間と重複しないようにしなければならない。

第4項 ［証明書の提出］
会社は、所定外労働制限請求書を受け取るに当たり、必要最小限度の各種証明書の提出を求めることがある。

第5項 ［出生の報告義務］
請求の日後に請求に係る子が出生したときは、所定外労働制限請求書を提出した者（以下この条において「請求者」という。）は、出生後2週間以内に人事部労務課に所定外労働制限対象児出生届（社内様式3）を提出しなければならない。

第6項 ［制度利用の理由の消滅］
制限開始予定日の前日までに、請求に係る子又は家族の死亡等により請求者が子を養育又は家族を介護しないこととなった場合には、請求されなかったものとみなす。この場合において、請求者は、原則として当該事由が発生した日に、人事部労務課にその旨を通知しなければならない。

第7項 ［制度利用の終了］
次の各号に掲げるいずれかの事由が生じた場合には、制限期間は終了するものとし、当該制限期間の終了日は当該各号に掲げる日とする。
　（1）子又は家族の死亡等制限に係る子を養育又は家族を介護しないこととなった場合
　当該事由が発生した日
　（2）制限に係る子が3歳に達した場合
　当該3歳に達した日
　（3）請求者について、産前・産後休業、育児休業、出生時育児休業又は介護休業が始まった場合
　産前・産後休業、育児休業、出生時育児休業又は介護休業の開始日の前日

第8項 ［制度終了事由の通知義務］
本条第7項第1号の事由が生じた場合には、請求者は原則として当該事由が生じた日に、人事部労務課にその旨を通知しなければならない。

Chapter3 19

第17条「育児・介護のための 時間外労働の制限」について定める

☑ 法定労働時間を超えた労働の制限を申請できる
☑ 請求期間は1カ月以上1年以内である

第1項［時間外労働の制限の制度］

法定労働時間
労働基準法32条第1・2項で定められている、労働時間の上限のこと。1日8時間・週40時間を原則とする。

あらかじめ締結した法定労働時間を超えて働いてもらうことが必要な状況では、時間外労働・休日労働に関する協定（36協定）に基づき、時間外労働を求めることができます。

しかし、小学校入学前の子どもを育てる従業員または要介護状態にある家族を介護する従業員が「時間外労働の制限」の制度の利用を請求したときには、会社は事業の正常な運営に支障がある場合を除き、1カ月あたり24時間、年間150時間を超えて時間外労働をさせることができません。

36協定
「時間外・休日労働に関する協定届」のこと。労働基準法第36条によって届出が義務付けられているため、36協定と呼ばれる。

ここでいう時間外労働とは、法定労働時間を超える労働のことです。所定労働時間が法定労働時間よりも短い場合は、所定労働時間と法定労働時間の間の時間はこの時間外労働にはカウントしません。

第2項［対象者］

時間外労働の制限を請求できる対象者は、日雇従業員、入社1年未満の従業員、1週間の所定労働日数が2日以下の従業員を除く従業員です。

第3項［請求方法］

時間外労働制限請求書
時間外労働の制限を請求したい従業員に提出してもらう社内書類のこと（詳細は160ページ参照）。

時間外労働の制限の制度を利用したい従業員は、制度開始を希望する日の1カ月前までに「時間外労働制限請求書」を提出しなければなりません。請求期間は1カ月以上1年以内となっているため、1年を超える期間にわたって請求したいときは複数回請求しなければなりません。

第7章　時間外労働の制限

（育児・介護のための時間外労働の制限）
第17条
第1項［時間外労働の制限の制度］
小学校就学の始期に達するまでの子を養育する従業員が当該子を養育するため又は要介護状態にある家族を介護する従業員が当該家族を介護するために請求した場合には、就業規則第○条の規定及び時間外労働に関する協定にかかわらず、事業の正常な運営に支障がある場合を除き、1か月について24時間、1年について150時間を超えて時間外労働をさせることはない。

第2項［対象者］
本条第1項にかかわらず、次の一から三のいずれかに該当する従業員からの時間外労働の制限の請求は拒むことができる。
　　　一　日雇従業員
　　　二　入社1年未満の従業員
　　　三　1週間の所定労働日数が2日以下の従業員

第3項［請求方法］
請求をしようとする者は、1回につき、1か月以上1年以内の期間（以下この条において「制限期間」という。）について、制限を開始しようとする日（以下この条において「制限開始予定日」という。）及び制限を終了しようとする日を明らかにして、原則として、制限開始予定日の1か月前までに、育児・介護のための時間外労働制限請求書（社内様式9）を人事部労務課に提出するものとする。この場合において、制限期間は、前条第2項に規定する制限期間と重複しないようにしなければならない。

▶ 時間外労働の制限が適用される時間

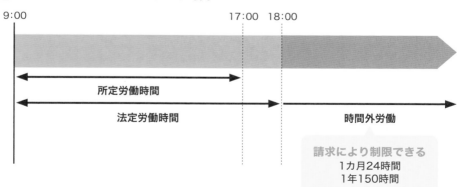

第4項［証明書の提出］

　会社は、制度の利用を請求してきた従業員が制度の対象者であるかを確認するために、証明書の提出を求めることができます。証明書は、従業員が用意するのに負担の少ないものを求めるべきとされています。

第5項［出生の報告義務］

　対象となる子どもが出生したときは、従業員に「時間外労働制限対象児出生届」を提出してもらいましょう。

第6項［制度利用の理由の消滅］

　制度を利用する前に対象の子どもまたは対象家族が亡くなったなど、制度を利用する理由がなくなったときは制度を利用することはできません。

第7項［制度利用の終了］

　子どもが小学校に入学する年度になったとき、制度の利用は終了します。また、制度を利用する前に子どもまたは家族が亡くなったなど、制度を利用する理由がなくなったときも制度の利用は終了します。

　また、制度利用中の従業員が妊娠し、産前産後休業が始まったときなどにも制度の利用は終了します。

第8項［制度終了事由の通知義務］

　制度を終了する事由が発生した場合には、従業員はその事実を会社に通知しなければなりません。書面による通知までは義務付けられていないので、通知方法は会社で検討しておきましょう。原則、当該事由が生じた日に電話やメールで連絡してもらい、後日書面で届け出てもらうなどの配慮は必要です。

第4項［証明書の提出］
会社は、時間外労働制限請求書を受け取るに当たり、必要最小限度の各種証明書の提出を求めることがある。

第5項［出生の報告義務］
請求の日後に請求に係る子が出生したときは、時間外労働制限請求書を提出した者（以下この条において「請求者」という。）は、出生後2週間以内に人事部労務課に時間外労働制限対象児出生届（社内様式3）を提出しなければならない。

第6項［制度利用の理由の消滅］
制限開始予定日の前日までに、請求に係る子又は家族の死亡等により請求者が子を養育又は家族を介護しないこととなった場合には、請求されなかったものとみなす。この場合において、請求者は、原則として当該事由が発生した日に、人事部労務課にその旨を通知しなければならない。

第7項［制度利用の終了］
次の各号に掲げるいずれかの事由が生じた場合には、制限期間は終了するものとし、当該制限期間の終了日は当該各号に掲げる日とする。
（1）子又は家族の死亡等制限に係る子を養育又は家族を介護しないこととなった場合
当該事由が発生した日
（2）制限に係る子が小学校就学の始期に達した場合
子が6歳に達する日の属する年度の3月31日
（3）請求者について、産前・産後休業、育児休業、出生時育児休業又は介護休業が始まった場合
産前・産後休業、育児休業、出生時育児休業又は介護休業の開始日の前日

第8項［制度終了事由の通知義務］
本条第7項第1号の事由が生じた場合には、請求者は原則として当該事由が生じた日に、人事部労務課にその旨を通知しなければならない。

第3章
育児・介護休業規程を策定する

MEMO
時間外労働の制限と固定残業代

会社によっては毎月支払う給与の中に固定残業代を含んでいるケースもあるでしょう。そうした場合、時間外労働の制限を請求した従業員は月給の固定残業時間ではなく、勤務に応じた賃金体系に変更することも考えられます。

Chapter3 20

第18条「育児・介護のための 深夜業の制限」について定める

☑ 深夜時間帯の労働を制限する申出ができる
☑ 給与や勤務時間帯を変更しなければならない

第1項［深夜業の制限の制度］

法令上、18歳未満の従業員や請求した妊産婦などの一定の従業員を除き、会社が従業員を働かせることのできない日や時間帯の定めはありません。

しかし、深夜に子どもを保育したり家族を介護したりする人がいないなどの理由で小学校入学前の子どもを育てる従業員または要介護状態にある家族を介護する従業員が「深夜業の制限」を請求したときは、会社は事業の正常な運営に支障がある場合を除き、深夜（22時から翌日5時）に労働させることができません。

第2項［対象者］

この制度を利用できるのは、所定外労働が深夜におよぶことが想定される従業員や、雇用契約上の所定労働時間が深夜の時間帯にかかっている深夜業が混在する従業員です。

また、日雇従業員や入社1年未満の従業員、16歳以上の同居家族がいる従業員、1週間の所定労働日数が2日以下の従業員、所定労働時間のすべての時間が深夜にあたる従業員からの請求は拒むことができます。

第3項［請求方法］

制度を利用したい従業員は、制度開始予定日の1カ月前までに「深夜業制限請求書」を提出しなければなりません。請求期間は1カ月以上6カ月以内となっているため、6カ月を超える期間にわたって請求したいときは複数回請求しなければなりません。

16歳以上の同居家族
深夜に就業していないこと、保育・介護をできる心身の状況であること、産前産後休業期間にないことの要件を満たす必要がある。

深夜業制限請求書
深夜業の制限を請求したい従業員に提出してもらう社内書類のこと（詳細は162ページ参照）。

第4項［証明書の提出］

　会社は、制度の利用を請求してきた従業員が制度の対象者であるかを確認するために、証明書の提出を求めることができます。

▶ **第8章第18条「育児・介護のための深夜業の制限」第1〜4項の規定例**

第8章　深夜業の制限

（育児・介護のための深夜業の制限）
第18条
第1項［深夜業の制限の制度］
小学校就学の始期に達するまでの子を養育する従業員が当該子を養育するため又は要介護状態にある家族を介護する従業員が当該家族を介護するために請求した場合には、就業規則第○条の規定にかかわらず、事業の正常な運営に支障がある場合を除き、午後10時から午前5時までの間（以下「深夜」という。）に労働させることはない。

第2項［対象者］
本条第1項にかかわらず、次のいずれかに該当する従業員からの深夜業の制限の請求は拒むことができる。
　　一　日雇従業員
　　二　入社1年未満の従業員
　　三　請求に係る家族の16歳以上の同居の家族が次のいずれにも該当する従業員
　　　　イ　深夜において就業していない者（1か月について深夜における就業が3日以下の者を含む。）であること。
　　　　ロ　心身の状況が請求に係る子の保育又は家族の介護をすることができる者であること。
　　　　ハ　6週間（多胎妊娠の場合にあっては、14週間）以内に出産予定でなく、かつ産後8週間以内でない者であること。
　　四　1週間の所定労働日数が2日以下の従業員
　　五　所定労働時間の全部が深夜にある従業員

第3項［請求方法］
請求をしようとする者は、1回につき、1か月以上6か月以内の期間（以下この条において「制限期間」という。）について、制限を開始しようとする日（以下この条において「制限開始予定日」という。）及び制限を終了しようとする日を明らかにして、原則として、制限開始予定日の1か月前までに、育児・介護のための深夜業制限請求書（社内様式10）を人事部労務課に提出するものとする。

第4項［証明書の提出］
会社は、深夜業制限請求書を受け取るに当たり、必要最小限度の各種証明書の提出を求めることがある。

第5項［出生の報告義務］

対象となる子どもが出生したときは、従業員に「育児のための深夜業制限対象児出生届」を提出してもらいましょう。

第6項［制度利用の理由の消滅］

制度を利用する前に対象となる子どもまたは家族が亡くなったなど、子どもを養育または家族を介護する理由がなくなったときは制度を利用することはできません。

第7項［制度利用の終了］

子どもが小学校に入学する年度になったとき、制度の利用は終了します。また、制度を利用する前に子どもまたは対象家族が亡くなったなど、子どもを養育または家族を介護する理由がなくなったときも制度は終了します。

また、制度利用中の従業員が妊娠し、産前産後休業が始まったときなどにも制度の利用は終了します。

第8項［制度終了事由の通知義務］

制度を終了する事由が発生した場合には、従業員はその事実を会社に通知しなければなりません。書面による通知までは義務付けられていないので、通知方法は会社で検討しておきましょう。原則、当該事由が生じた日に電話やメールで連絡してもらい、後日書面で届け出てもらうなどの配慮は必要です。

第9項［給与の取扱］

割増賃金
会社が従業員に、法定時間外労働や休日労働などをさせたときに、通常の賃金に上乗せして払うお金。

制限の制度を利用することで、深夜労働に対する割増賃金や深夜労働に対して支給される手当など、労働しない分を支給しないことは可能です。

第10項［勤務時間帯の変更］

所定労働時間が深夜時間帯と重なっている場合、深夜業の制限の制度を利用することで、その重なっている所定労働時間の取扱いが問題になります。

たとえば、16時から24時が所定労働時間の人が請求した場合、22時から24時が深夜時間帯にかかってしまいます。制限の制度を利用するためにその2時間を14時から（昼間の時間帯から）働いてもらうことで振り替えることも選択肢にはなりますが、会社に振替の義務はありません。そのため、単純に労働時間を16時から22時までに短縮することも可能です。

▶ 第8章第18条「育児・介護のための深夜業の制限」第5〜10項の規定例

第5項［出生の報告義務］
請求の日後に請求に係る子が出生したときは、深夜業制限請求書を提出した者（以下この条において「請求者」という。）は、出生後2週間以内に人事部労務課に深夜業制限対象児出生届（社内様式3）を提出しなければならない。

第6項［制度利用の理由の消滅］
制限開始予定日の前日までに、請求に係る子又は家族の死亡等により請求者が子を養育又は家族を介護しないこととなった場合には、請求されなかったものとみなす。この場合において、請求者は、原則として当該事由が発生した日に、人事部労務課にその旨を通知しなければならない。

第7項［制度利用の終了］
次の各号に掲げるいずれかの事由が生じた場合には、制限期間は終了するものとし、当該制限期間の終了日は当該各号に掲げる日とする。
　　（1）子又は家族の死亡等制限に係る子を養育又は家族を介護しないこととなった場合
　　当該事由が発生した日
　　（2）制限に係る子が小学校就学の始期に達した場合
　　子が6歳に達する日の属する年度の3月31日
　　（3）請求者について、産前・産後休業、育児休業、出生時育児休業又は介護休業が始まった場合
　　産前・産後休業、育児休業、出生時育児休業又は介護休業の開始日の前日

第8項［制度終了事由の通知義務］
本条第7項第1号の事由が生じた場合には、請求者は原則として当該事由が生じた日に、人事部労務課にその旨を通知しなければならない。

第9項［給与の取扱］
制限期間中の給与については、別途定める給与規程に基づく労務提供のなかった時間分に相当する額を控除した基本給と諸手当の全額を支給する。

第10項［勤務時間帯の変更］
深夜業の制限を受ける従業員に対して、会社は必要に応じて昼間勤務へ転換させることがある。

Chapter3 21

第19条「育児短時間勤務」について定める

☑ 6時間の所定労働時間を定める必要がある
☑ 3歳未満の子どもを育てる従業員が申請できる

第1項［育児短時間勤務制度］

子どもが3歳になるまでは育児にとくに手がかかる時期であり、従業員が働き続けるためには保育所の送迎などの育児の時間を確保することが重要であると考えられています。そのため、3歳未満の子どもを養育する従業員が申し出たときには、会社はその従業員の所定労働時間を短縮しなければなりません。これを「育児短時間勤務制度」といいます。

この制度では、労働時間の短縮後の1日の所定労働時間として原則6時間を選択できるようにする必要があります。6時間の選択肢を作ったうえで、さらに従業員が働きやすいよう、5時間や7時間といった短時間勤務を認めることも可能です。

第2項［対象者］

制度利用の申出ができる従業員は、原則として日雇従業員と1日の所定労働時間が6時間以下の従業員を除く、すべての従業員です。ただし、労使協定を締結すると入社1年未満の従業員や1週間の所定労働日数が2日以下の従業員からの申出を拒めます。

第3項［申出の方法］

育児短時間勤務制度は、申出をする期日などが法令で定められていないため、会社が定めることができます。人員配置などを計画する時期も踏まえて、適切な申出をする期日や制度の利用を予定する期間を決めておきましょう。

規定例では、制度開始予定日の1カ月前までに従業員が「育児短時間勤務申出書」を提出し、会社が「育児短時間勤務取扱通知書」により通知することと定めています。

育児短時間勤務申出書
子どもを育てる従業員が短時間勤務を請求する際に提出してもらう社内書類のこと（詳細は164ページ参照）。

第9章　所定労働時間の短縮措置等

（育児短時間勤務）
第19条
第1項［育児短時間勤務制度］
3歳に満たない子を養育する従業員は、申し出ることにより、就業規則第○条の所定労働時間について、以下のように変更することができる。

> 所定労働時間を午前9時から午後4時まで（うち休憩時間は、午前12時から午後1時までの1時間とする。）の6時間とする（1歳に満たない子を育てる女性従業員は更に別途30分ずつ2回の育児時間を請求することができる。）。

第2項［対象者］
本条第1項にかかわらず、次のいずれかに該当する従業員からの育児短時間勤務の申出は拒むことができる。
　　一　日雇従業員
　　二　1日の所定労働時間が6時間以下である従業員
　　三　労使協定によって除外された次の従業員
　　　　(ア)　入社1年未満の従業員
　　　　(イ)　1週間の所定労働日数が2日以下の従業員

第3項［申出の方法］
申出をしようとする者は、1回につき、1か月以上1年以内の期間について、短縮を開始しようとする日及び短縮を終了しようとする日を明らかにして、原則として、短縮開始予定日の1か月前までに、育児短時間勤務申出書（社内様式11）により人事部労務課に申し出なければならない。申出書が提出されたときは、会社は速やかに申出者に対し、育児短時間勤務取扱通知書(社内様式13)を交付する。その他適用のための手続等については、第3条から第5条までの規定（第3条第2項、第3項、第4項及び第4条第3項を除く。）を準用する。

▶ 短時間勤務の設定例

通常勤務が9:00〜18:00の会社の場合

── パターン① ──
退勤時間を2時間早める

・出勤時刻9:00
・退勤時刻16:00

── パターン② ──
出勤時間を1時間遅らせて退勤時間を1時間早める

・出勤時刻10:00
・退勤時刻17:00

> 休憩の扱いも決めましょう

第4項〔給与の取扱〕

　制度を利用して短縮される労働時間に対する給与の取扱いを決めましょう。規定例では、労働時間が短縮されることで、労働しなかった時間分の基本給は控除し、諸手当は全額を支給することとなっています。そのほかにも、所定労働時間8時間を2時間短縮して6時間とする場合、「給与規程に基づく基本給から25％を減額した額と諸手当の全額を支給する」「給与規程に基づく基本給および手当からその25％を減額した額を支給する」と定めることも可能です。

　諸手当の取扱は手当の性質に応じて決めましょう。たとえば、通勤手当のように一般的に労働時間とは連動せずに支給しているものは、短縮した労働時間分を控除することはなじまないと判断できます。通常勤務する者との公平性を考慮して制度設計をしましょう。

第5項〔賞与の取扱〕

　育児短時間勤務制度を利用することで、労働しなくなる時間に対する賞与の取扱いも決めておきましょう。規定例では、労働しなかった時間分に対応する賞与は支給しないとしています。

第6項〔昇給・退職金の取扱〕

　定期昇給や退職金の扱いも決めておきましょう。所定労働時間通りに働いている従業員と同様の算出方法を行ってもよいのか問題になります。

　規定例では、育児短時間勤務制度を利用している期間も通常の勤務をしているとみなすことにしていますが、短縮された労働時間分は算定の対象から除くこととしても不利益取扱には該当しません。

不利益取扱
会社が従業員に対して、法令で定められている従業員の権利の行使を妨げるような不利益な扱いを行うこと。

▶ 第9章第19条「育児短時間勤務」第4〜6項の規定例

第4項［給与の取扱］
本制度の適用を受ける間の給与については、別途定める給与規程に基づく労務提供のなかった時間分に相当する額を控除した基本給と諸手当の全額を支給する。

第5項［賞与の取扱］
賞与については、その算定対象期間に本制度の適用を受ける期間がある場合においては、短縮した時間に対応する賞与は支給しない。

第6項［昇給・退職金の取扱］
定期昇給及び退職金の算定に当たっては、本制度の適用を受ける期間は通常の勤務をしているものとみなす。

▶ 育児短時間勤務時の給与の減額方法

基本給20万円

方法① 給与額は改定せず遅刻早退控除として減額する

所定労働時間に対する不足時間の実績を減額

| 基本給15万円 | 遅刻早退控除 |

方法② 給与額を6／8相当額に改定する

基本給15万円

方法③ 給与額は改定せず短縮する分を固定額として控除する

| 基本給15万円 | 時短控除5万円 |

2／8相当額を固定額として控除

方法①の場合、不足時間の実績に応じて控除できます

Chapter3
22

第20条「介護短時間勤務」について定める

☑ 6時間の所定労働時間を定める必要がある
☑ 要介護状態にある家族を介護する従業員が申請できる

第1項［介護短時間勤務制度］

　介護短時間勤務制度とは、介護をする人の仕事と家庭の両立を目的に育児・介護休業法で定められた制度です。介護される対象家族1人につき連続する3年以上の期間で、少なくとも介護短時間勤務を2回以上利用できるようにしなければなりません。

　また、会社は、1日の所定労働時間を短縮する制度やフレックスタイムの制度など育児・介護休業法で定められている介護短時間勤務の措置のうち、いずれか1つ以上の制度を設ける必要があります。

第2項［対象者］

　制度利用の申出ができる従業員は、原則として日雇従業員を除く、すべての従業員です。ただし、労使協定を締結することで入社1年未満の従業員や1週間の所定労働日数が2日以下の従業員からの申出を拒むことができます。

第3項［申出の方法］

　介護短時間勤務制度は、申出をする期日などが法令で定められていないため、会社が定めることができます。人員配置などを計画する時期も踏まえて、適切な申出をする期日や制度の利用を予定する期間を決めておきましょう。

　規定例では、制度開始予定日の2週間前までに従業員が「介護短時間勤務申出書」を提出し、会社が「介護短時間勤務取扱通知書」により通知することと定めています。

介護短時間勤務申出書
介護短時間勤務を申し出る従業員に提出してもらう社内書類のこと。

▶ 第9章第20条「介護短時間勤務」第1～3項の規定例

（介護短時間勤務）
第20条
第1項［介護短時間勤務制度］
要介護状態にある家族を介護する従業員は、申し出ることにより、当該家族1人当たり利用開始の日から3年の間で2回までの範囲内で、就業規則第○条の所定労働時間について、以下のように変更することができる。
所定労働時間を午前9時から午後4時まで（うち休憩時間は、午前12時から午後1時までの1時間とする。）の6時間とする。

第2項［対象者］
本条第1項にかかわらず、次のいずれかに該当する従業員からの介護短時間勤務の申出は拒むことができる。
   一　日雇従業員
   二　労使協定によって除外された次の従業員
     （ア）　入社1年未満の従業員
     （イ）　1週間の所定労働日数が2日以下の従業員

第3項［申出の方法］
申出をしようとする者は、短縮を開始しようとする日及び短縮を終了しようとする日を明らかにして、原則として、短縮開始予定日の2週間前までに、介護短時間勤務申出書（社内様式12）により人事部労務課に申し出なければならない。申出書が提出されたときは、会社は速やかに申出者に対し、介護短時間勤務取扱通知書（社内様式13）を交付する。その他適用のための手続等については、第11条から第13条までの規定を準用する。

▶ 介護短時間勤務の措置

- 1日の所定労働時間を短縮する制度
- 週または月の所定労働時間を短縮する制度
- 週または月の所定労働日数を短縮する制度（隔日勤務や特定の曜日のみの勤務等の制度）
- 労働者が個々に勤務しない日または時間を請求することを認める制度
- フレックスタイム制度
- 始業・終業時刻の繰り上げ、繰り下げ（時差出勤の制度）
- 労働者が利用する介護サービスの費用の助成その他これに準ずる制度

育児に比べて多様な制度を想定しています

第4項［給与の取扱］

　制度を利用して短縮される労働時間に対する給与の取扱いを決めましょう。規定例では、労働時間が短縮されることで、労働しなかった時間分の基本給は控除し、諸手当は全額を支給することとなっています。しかし、諸手当についても、手当の性質に応じて控除することもできます。

第5項［賞与の取扱］

　介護短時間勤務制度を利用することで、労働しなくなる時間に対する賞与の取扱いも決めておきましょう。厚生労働省の規定例では、労働しなかった時間分に対応する賞与は支給しないとしています。

第6項［昇給・退職金の取扱］

　定期昇給や退職金の扱いも決めておきましょう。所定労働時間通りに働いている従業員と同様の算出方法を行ってもよいのか問題になります。

　規定例では、介護短時間勤務制度を利用している期間も通常の勤務をしているとみなすことにしていますが、短縮された労働時間分は算定に入れないことは不利益取扱には該当しません。

▶ 第9章第20条「介護短時間勤務」第4〜6項の規定例

第4項 [給与の取扱]
本制度の適用を受ける間の給与については、別途定める給与規程に基づく労務提供のなかった時間分に相当する額を控除した基本給と諸手当の全額を支給する。

第5項 [賞与の取扱]
賞与については、その算定対象期間に本制度の適用を受ける期間がある場合においては、短縮した時間に対応する賞与は支給しない。

第6項 [昇給・退職金の取扱]
定期昇給及び退職金の算定に当たっては、本制度の適用を受ける期間は通常の勤務をしているものとみなす。

MEMO
介護短時間勤務中の賞与について

規定例の通り、介護短時間勤務制度を利用した従業員の賞与について、労働しなかった時間分に対応する賞与は支給しなくても問題ありません。介護短時間勤務をとったという理由だけで不利益な取扱をするのは禁止されています。しかし、制度利用者を必要以上に優遇してしまうと、まわりの従業員のモチベーションの低下や不公平感が生じ、職場環境が悪化してしまうかもしれません。制度を利用する従業員にも、利用しない従業員にもわかるかたちで明記しておくとよいでしょう。

Chapter3
23
第21条「マタハラ・セクハラ・パワハラの禁止」について定める

☑ ハラスメント防止措置について規定する
☑ ハラスメント行為者に対する厳正な対処法を決めておく

🔵 第1項［ハラスメントの禁止］

　育児・介護休業法では、職場における育児休業などに関するハラスメントを防止するために、従業員からの相談に応じ、適切に対処するために必要な体制の整備や雇用管理上で必要な措置を講ずることを会社に義務付けています。

　職場における育児休業などに関するハラスメントとは、規定例にある各種制度などに対する申出・利用に関する言動により、就業環境が害されることです。妊娠の状態や育児休業制度などの利用などと嫌がらせとなる行為の間に因果関係があるものがハラスメントに該当します。

　会社が従業員の事情やキャリアを考えたうえで、「できるだけ早く復帰したらどうか」などと早期の職場復帰を促すことはハラスメントには該当しないと判断されます。業務分担や安全配慮などの観点から客観的にみて、業務上の必要性に基づく言動によるものはハラスメントではありません。発言の意図を明確に従業員に伝えるようにすることが重要です。

🔵 第2項［ハラスメント行為者の処分］

　ハラスメントを行った従業員には厳正な対処が必要です。ハラスメント行為者は懲戒により厳正に処分することで、社内の規律を保つことが求められます。マタニティハラスメントの禁止規定に違反したときは就業規則の懲戒規定による懲戒対象となることを明確にしておきましょう。

懲戒
不正または不当な行為に対して科する制裁のこと。

▶ 第10章第21条「マタハラ・セクハラ・パワハラの禁止」第1〜2項の規定例

第10章　育児休業・介護休業等に関する
ハラスメント等の防止

（妊娠・出産・育児休業・介護休業等に関するハラスメント、セクシュアルハラスメント
及びパワーハラスメントの禁止）
第21条
第1項［ハラスメントの禁止］
すべての従業員は妊娠・出産・育児休業・介護休業等に関するハラスメント、セクシュア
ルハラスメント及びパワーハラスメントを行ってはならない。

第2項［ハラスメント行為者の処分］
本条第1項の言動を行ったと認められる従業員に対しては、就業規則第○条及び第△条に
基づき、厳正に対処する。

▶ 不利益取扱とハラスメントの違い

	行為者	対象	行為
不利益取扱	会社	・妊娠、出産、育児休業制度などを 申出・取得した男女従業員	・解雇、降格、不利益な自宅 待機命令、配置換えなど
ハラスメント	上司・同僚・部下	・妊娠・出産をした女性従業員 ・育児休業制度などを申出・取得し た男女従業員	・就業環境を害する行為

ハラスメントを行った
従業員は懲戒により厳
正な処分が必要です

▶ マタニティハラスメントの一因

妊娠した従業員が
体調不良に　→　労働能力の低下　→　周囲の業務負担が
増加　→　否定的な
言動を誘発　→　ハラスメントの
発生

Chapter3
24

第22条「給与等の取扱」、第23条「介護休業期間中の社会保険料の取扱」を定める

☑ ノーワーク・ノーペイの原則が適用される
☑ 賞与・昇給・退職金に関しては給与規程にも定める

第22条第1項 [給与などの取扱]

休業を取得したことによって従業員から労務の提供がなかった日は無給として扱えます（ノーワーク・ノーペイの原則）。休業を開始する月や復帰する月の賃金の日割の計算方法や、休業の一部を有給とするときは、その基準を決めて育児・介護休業規程や給与規程などに定めておきましょう。

ノーワーク・ノーペイの原則
従業員による労務が提供されないとき、会社にもその分の賃金を支払う義務はないという概念。

第22条第2項 [賞与の取扱]

賞与支給日が休業期間中にあるときには、少なくとも賞与の算定対象期間内に就業した日数分を賞与の対象にしなければなりません。

一方で、給与支給日に休業から復帰していても算定対象期間に1日も就業していない場合は、賞与を支給しないことも可能です。事前に賞与の算定対象期間が明確になっているかを確認し、休業を取得した期間に関する計算方法を決めておきましょう。

第22条第3項 [昇給の取扱]

休業期間に定期昇給の期日が到来した場合、休業を取得していることを理由として定期昇給を行わないことは不利益取扱になる場合があります。この場合、休業期間中は昇給せずに、職場復帰後に個別に昇給を行うなどして対応しましょう。

第22条第4項 [退職金の取扱]

休業の取得により従業員から労務の提供が行われなかった日や時間の分を、退職金を算出する際の勤続年数に算入しなくても問題ありません。

第23条「介護休業期間中の社会保険料の取扱」

　介護休業中は社会保険料が免除されません。そのため、休業中の社会保険料の支払い方法を明記しましょう。規定例では、会社が立て替えて納付したあとに、従業員に精算してもらうよう定めています。

▶ **第11章第22条「給与等の取扱」第1～4項、第23条「介護休業期間中の社会保険料の取扱」の規定例**

第11章　その他の事項

（給与等の取扱）
第22条
第1項［給与などの取扱］
育児・介護休業の期間については、基本給その他の月毎に支払われる給与は支給しない。

第2項［賞与の取扱］
賞与については、その算定対象期間に育児・介護休業をした期間が含まれる場合には、出勤日数により日割りで計算した額を支給する。

第3項［昇給の取扱］
定期昇給は、育児・介護休業の期間中は行わないものとし、育児・介護休業期間中に定期昇給日が到来した者については、復職後に昇給させるものとする。

第4項［退職金の取扱］
退職金の算定に当たっては、育児・介護休業をした期間を勤務したものとして勤続年数を計算するものとする。

（介護休業期間中の社会保険料の取扱）
第23条
介護休業により給与が支払われない月における社会保険料の被保険者負担分は、各月に会社が納付した額を翌月〇日までに従業員に請求するものとし、従業員は会社が指定する日までに支払うものとする。

Chapter3
25
第24条「円滑な取得及び職場復帰支援」について定める

☑ 従業員への個別周知と意向確認を行う
☑ 男性の育児休業取得を促す職場環境を作る

🔘 個別周知と意向確認は義務

2022年4月1日より、本人または配偶者の妊娠・出産などを申し出た従業員に対し、育児休業制度などに関する個別周知と意向確認を実施することが義務付けられました。これに伴い、会社は従業員との面談や書面交付を行うことなど個別周知と意向確認について定めます。個別周知が必要な項目は下記の4点です。

① 育児休業・出生時育児休業に関する制度
② 育児休業・出生時育児休業の申出先
③ 雇用保険の育児休業給付に関すること
④ 従業員が育児休業・出生時育児休業期間について負担すべき社会保険料の取扱

また、育児休業を取得する従業員には個々に「育休復帰支援プラン」（236ページ参照）を作成すると、円滑な職場復帰が臨めます。

個別周知
従業員に対して面談を行ったり、書面やFAX、電子メールでその内容を通知したりすること。

🔘 育児休業を取得しやすい環境を整える

また、2022年4月1日からは、育児休業を取得しやすい雇用環境の整備も義務化されました。従業員からの育児休業と出生時育児休業の申出が円滑に行われるようにするために、会社は以下の4つの項目のうち1つ以上を実施しなければなりません。

① 育児休業・出生時育児休業に関する研修の実施
② 育児休業・出生時育児休業に関する相談体制の整備など
③ 自社の従業員の育児休業・出生時育児休業取得事例の収集・提供
④ 自社の従業員へ育児休業・出生時育児休業制度と育児休業取得に関する方針の周知

▶ 第11章第24条「円滑な取得及び職場復帰支援」の規定例

（円滑な取得及び職場復帰支援）
第24条
　会社は、従業員から本人又は配偶者が妊娠・出産等したこと又は本人が対象家族を介護していることの申出があった場合は、当該従業員に対して、円滑な休業取得及び職場復帰を支援するために、以下（1）（2）の措置を実施する。また、育児休業及び出生時育児休業の申出が円滑に行われるようにするため、（3）の措置を実施する。
（1）当該従業員に個別に育児休業に関する制度等（育児休業、出生時育児休業、パパ・ママ育休プラス、その他の両立支援制度、育児休業等の申出先、育児・介護休業給付に関すること、休業期間中の社会保険料の取扱い、育児・介護休業中及び休業後の待遇や労働条件など）の周知及び制度利用の意向確認を実施する。
（2）当該従業員ごとに育休復帰支援プラン又は介護支援プランを作成し、同プランに基づく措置を実施する。なお、同プランに基づく措置は、業務の整理・引継ぎに係る支援、育児休業中又は介護休業中の職場に関する情報及び資料の提供など、育児休業又は介護休業等を取得する従業員との面談により把握したニーズに合わせて定め、これを実施する。
（3）従業員に対して育児休業（出生時育児休業含む）に係る研修を実施する。

MEMO

意向確認の方法

本人または配偶者の妊娠・出産を申し出た従業員に対して、会社は個別の周知・意向確認を行わなければなりません。意向確認の方法は4つあります。
①面談（対面もしくはオンライン）
②書面交付
③FAX
④電子メールなど
③と④は従業員が希望した場合に限るため、基本は面談で行うとよいでしょう。従業員が希望日から円滑に休業を取得できるよう、出産予定日の1カ月前や育児休業開始希望日の2週間前までには実施してください。

Chapter3 26

第25条「復職後の勤務」について定める

☑ 復職後は原職復帰が基本
☑ 従業員からの配置転換希望に完全に寄り添う必要はない

第1項［復帰後の勤務の原則］

　産前産後休業や育児休業を終えて職場復帰した従業員には、原則として原職または原職相当職に復帰させるように配慮することとされています。

　原職相当職とは、下記の3点すべてに該当する職のことです。

　①休業後の職制上の地位が育児休業前より下回っていないこと

　②育児休業前と育児休業後とで職務内容が異なっていないこと

　③育児休業前と育児休業後とで勤務する事業所が同一であること

第2項［復帰後の勤務の例外］

　長期間休業を取得している間に会社の組織編成が変わり、復職後、休業前に所属していた部署がなくなっていたというケースも考えられます。

　そうしたやむをえない事情により、原職または原職相当職以外での復帰になる場合は、その旨を事前に従業員に伝えておきましょう。また、そのような事情でも従業員が原職相当職への復帰を望んでいる場合は、復帰前に面談を実施するなどして、今後の方針を話し合わなければなりません。

　また、復職する従業員が、自宅や職場、子どもを預ける保育所から移動しやすい場所への配置転換を希望する場合もあるでしょう。そのような要望があった際、会社は必ずしもその希望にしたがう必要はありませんが、休業復帰後の従業員の状況や心境を踏まえ、意向をすり合わせていくことが求められます。

配置転換
会社の中で、職種や就業場所などを長期にわたって変更すること。

▶ 第11章第25条「復帰後の勤務」第1〜2項の規定例

（復職後の勤務）
第25条
第1項［復帰後の勤務の原則］
育児・介護休業後の勤務は、原則として、休業直前の部署及び職務とする。

第2項［復帰後の勤務の例外］
本条第1項にかかわらず、本人の希望がある場合及び組織の変更等やむを得ない事情がある場合には、部署及び職務の変更を行うことがある。この場合は、育児休業終了予定日の1か月前、介護休業終了予定日の2週間前までに正式に決定し通知する。

▶ 原職相当職3つのポイント

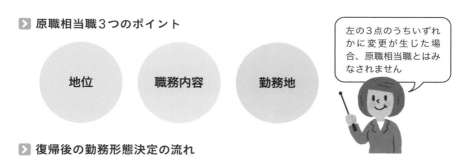

地位　　職務内容　　勤務地

左の3点のうちいずれかに変更が生じた場合、原職相当職とはみなされません

▶ 復帰後の勤務形態決定の流れ

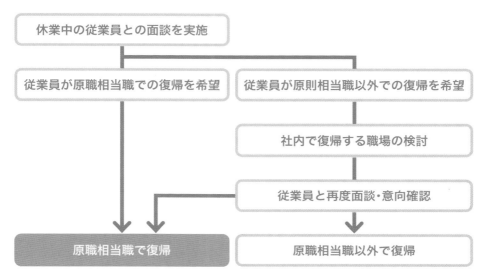

休業中の従業員との面談を実施

従業員が原職相当職での復帰を希望　　従業員が原則相当職以外での復帰を希望

社内で復帰する職場の検討

従業員と再度面談・意向確認

原職相当職で復帰　　原職相当職以外で復帰

Chapter3 27

第26条「育児目的休暇」について定める

☑ 育児目的休暇は努力義務
☑ 無給か有給かは会社が決められる

第1項［育児目的休暇の制度］

育児目的休暇とは、小学校入学前の子どもを育てる従業員が、子どもの入園式や卒園式、遠足などの行事参加等のために取得できる休暇のことです。子の看護休暇の取得は、病気やけがの看病など子どもの健康に係る理由に限られるため、授業参観などの学校行事には適用できませんが、育児目的休暇ならそうした場合に取得することができます。

しかし、子の看護休暇とは異なり育児目的休暇の設置は会社の努力義務とされています。努力義務なので、必ずしも定める必要はありません。

したがって、法令による休暇日数の定めはありません。また、無給か有給かの定めもないため、育児目的休暇の制度を導入する際には、あらかじめ給与の取扱を会社が決めておきましょう。規定例では、4月1日から翌3月31日までの1年間のうち、小学校就学前の子どもを育てる従業員は育児目的休暇を取得でき、子どもの人数により休暇日数が変わるとしています。

第2項［申出方法］

育児目的休暇を取得する際の手続きの方法は法令で定められていません。そのため、申出方法や申出期限も会社で定めることができます。厚生労働省で公開されている「育児目的休暇取得申出書」を参考に、会社独自の申出方法を定めるとよいでしょう。トラブルを防ぐためにも、休暇取得の申出は書面で行うことを推奨します。

育児目的休暇取得申出書
育児目的休暇の取得を希望する従業員に提出してもらう社内書類のこと（詳細は168ページ参照）。

▶ 第11章第26条「育児目的休暇」第1〜2項の規定例

> （育児目的休暇）
> 第26条
> 第1項［育児目的休暇の制度］
> 小学校就学の始期に達するまでの子を養育する従業員（日雇従業員を除く）は、養育のために就業規則第○条に規定する年次有給休暇とは別に、当該子が1人の場合は1年間につき○日、2人以上の場合は1年間につき○日を限度として、育児目的休暇を取得することができる。この場合の1年間とは、4月1日から翌年3月31日までの期間とする。
>
> 第2項［申出方法］
> 取得しようとする者は、原則として、育児目的休暇取得申出書（社内様式14）を事前に人事部労務課に申し出るものとする。

▶ 育児目的休暇設置の5つのポイント

①休暇制度の設置は会社の努力義務	②会社の規程に定めがなければ利用できない	③1日単位で取得できる
④有給・無給は会社の定めによる	⑤有期雇用労働者も対象になる	

育児目的休暇の設置は努力義務です

MEMO

育児目的休暇の設置

育児目的休暇の設置は会社の努力義務とされていますが、休暇の設置は、会社が仕事と育児を両立できる環境を積極的に整備しているという意向を示す、1つの手段となるでしょう。休暇中の賃金を有給としたり、配偶者の出産支援のために子どもが6週間（多胎妊娠の場合は14週間）以内に出生予定の従業員も取得対象者に含めたりすると、従業員が働きやすい環境がより整います。

Chapter3
28

第27条「年次有給休暇」、第28条「法令との関係」について定める

☑ 休業は年次有給休暇付与にかかる出勤率の算定においては出勤したものとみなす

☑ 休暇を出勤率に含めるかは会社判断となる

📍 第27条［年次有給休暇］

　労働基準法では年次有給休暇の発生要件として、8割以上の出勤率が必要とされています。年次有給休暇を付与する出勤率を計算する際、育児休業および介護休業を取得した日は出勤したものとみなします。産前産後休業期間も同様です。そのため、休業後に職場復帰をした際には休業中も出勤したものとして勤続年数に応じた日数の有給休暇を付与します。

　しかし、子の看護休暇や介護休暇、育児目的休暇を取得した日に関する規定はないため、これらの休暇を出勤率に含めるか否かは会社判断となります。そのため会社で方針を定め、育児・介護休業規程で記載するほか、就業規則の年次有給休暇の規定として記載しましょう。

　なお、出生時育児休業中の就業日は「出勤」として扱います。また、出生時育児休業中に就業を行う予定であった日に欠勤した場合の扱いは、そもそも出生時育児休業中であることから出勤したものとみなされます。

📍 第28条［法令との関係］

　育児・介護休業規程に記載がない事項については、育児・介護休業法をはじめとした法令に基づき判断することを記載します。

復帰
会社を相当期間休んでいた人が、元の職場に戻って勤務を再開すること。

▶ 第11章第27条「年次有給休暇」・第28条「法令との関係」の規定例

> （年次有給休暇）
> 第27条
> 年次有給休暇の権利発生のための出勤率の算定に当たっては、育児・介護休業をした日は出勤したものとみなす。
>
> （法令との関係）
> 第28条
> 育児・介護休業、子の看護休暇、介護休暇、育児・介護のための所定外労働の制限、育児・介護のための時間外労働及び深夜業の制限並びに所定労働時間の短縮措置等に関して、この規則に定めのないことについては、育児・介護休業法その他の法令の定めるところによる。

▶ 休業と休暇の違い

┌─ 休業 ─┐
**もともと労働義務が
ない日の休み**

┌─ 休暇 ─┐
**労働義務がある日に
取得した休み**

> 子の看護休暇や介護休暇に関する規定はないため、出勤率に含めるかは会社が判断できる

> 休暇を有給扱いにする場合は、育児・介護休業規程や就業規則の給与規程に明記します

MEMO

出勤率の計算方法

年次有給休暇の付与要件となる「出勤率」は、従業員の出勤日数と所定労働日数から算出されます。出勤率は「出勤日数÷全労働日×100」で算出できます。育児休業や介護休業を取得した場合は、出勤率の計算上は出勤したことになります。しかし、子の看護休暇や介護休暇、育児目的休暇を出勤率に含めるか否かは会社が判断できます。

Chapter3
29
協定の締結時に使用する
労使協定の記入例

☑ 労使協定の届出は不要
☑ 育児休業の申出を拒むことができる従業員を確認する

🔘 育児・介護休業に関する労使協定

　2021年の法改正によって、有期契約労働者が育児休業を取得するための「雇用年数が1年以上であること」という要件が撤廃されました。ただし、会社と過半数労働組合（過半数労働組合がない場合は労働者の過半数代表者）が「育児休業の申出を拒むことのできる従業員」について労使協定を締結すれば、休業取得者を限定することができます。

　労使協定を結ぶことで育児休業の申出を拒むことができるのは、入社1年未満の従業員、休業の申出から1年内に雇用が終了することが明らかな従業員、1週間のうち所定労働日数が2日以下の従業員などです。申出を拒む場合は、「入社1年以内の従業員の育児休業取得は不可とする」といった内容を労使協定に明記しておきましょう。

　「育児・介護休業等に関する労使協定」では、育児休業のほかに、介護休業、子の看護休暇、介護休暇、育児・介護のための所定外労働の制限、育児短時間勤務、介護短時間勤務といった制度の対象者を限定することもできます。また、出生時育児休業の申出期限と休業中の就業についても締結しておくとよいでしょう。

🔘 締結後は内容を規程に記載する

　なお、労使協定は労働基準監督署へ届出が必要なものとそうでないものに分かれます。たとえば36協定に関する労使協定は届出が必要ですが、育児休業に関する協定は届出が不要です。

　届出が不要な労使協定は、締結後、その内容を就業規則などの規程に盛り込むことで効力が発生します。

▶ 育児・介護休業等に関する労使協定の記入例

育児・介護休業等に関する労使協定の例

株式会社○○ と □□労働組合 は,株式会社○○における育児・介護休業等に関し、次のとおり協定する。
（育児休業の申出を拒むことができる従業員）
第1条　事業所長は、次の従業員から1歳（法定要件に該当する場合は1歳6か月又は2歳）に満たない子を養育するための育児休業の申出があったときは、その申出を拒むことができるものとする。
　一　入社1年未満の従業員
　二　申出の日から1年（法第5条第3項及び第4項の申出にあっては6か月）以内に雇用関係が終了することが明らかな従業員
　三　1週間の所定労働日数が2日以下の従業員
2　事業所長は、次の従業員から出生時育児休業の申出があったときは、その申出を拒むことができるものとする。
　一　入社1年未満の従業員
　二　申出の日から8週間以内に雇用関係が終了することが明らかな従業員
　三　1週間の所定労働日数が2日以下の従業員
（介護休業の申出を拒むことができる従業員）
第2条　事業所長は、次の従業員から介護休業の申出があったときは、その申出を拒むことができるものとする。
　一　入社1年未満の従業員
　二　申出の日から93日以内に雇用関係が終了することが明らかな従業員
　三　1週間の所定労働日数が2日以下の従業員
（子の看護休暇の申出を拒むことができる従業員）
第3条　事業所長は、次の従業員から子の看護休暇の申出があったときは、その申出を拒むことができるものとする。
　一　入社6か月未満の従業員
　二　1週間の所定労働日数が2日以下の従業員
（介護休暇の申出を拒むことができる従業員）
第4条　事業所長は、次の従業員から介護休暇の申出があったときは、その申出を拒むことができるものとする。
　一　入社6か月未満の従業員
　二　1週間の所定労働日数が2日以下の従業員
（育児・介護のための所定外労働の制限の請求を拒むことができる従業員）
第5条　事業所長は、次の従業員から所定外労働の制限の請求があったときは、その請求を拒むことができるものとする。
　一　入社1年未満の従業員
　二　1週間の所定労働日数が2日以下の従業員
（育児短時間勤務の申出を拒むことができる従業員）
第6条　事業所長は、次の従業員から育児短時間勤務の申出があったときは、その申出を拒むことができるものとする。
　一　入社1年未満の従業員
　二　週の所定労働日数が2日以下の従業員
（介護短時間勤務の申出を拒むことができる従業員）
第7条　事業所長は、次の従業員から介護短時間勤務の申出があったときは、その申出を拒むことができるものとする。
　一　入社1年未満の従業員
　二　1週間の所定労働日数が2日以下の従業員
（従業員への通知）
第8条　事業所長は、第1条から第7条までのいずれかの規定により従業員の申出を拒むときは、その旨を従業員に通知するものとする。
（出生時育児休業の申出期限）
第9条　事業所長（三を除く。）は、出生時育児休業の申出が円滑に行われるよう、次の措置を講じることとする。その場合、事業所長は、出生時育児休業の申出期限を出生時育児休業を開始する日の1か月前までとすることができるものとする。
　一　全従業員に対し、年1回以上、育児休業制度（出生時育児休業含む。以下同じ。）の意義や制度の内容、申請方法等に関する研修を実施すること（注1）。
　二　育児休業に関する相談窓口を各事業所の人事担当部署に設置し、事業所内の従業員に周知すること。
　三　育児休業について、株式会社○○として、毎年度「男性労働者の取得率 30 ％以上 取得期間平均 6 か月以上」「女性労働者の取得率 95 ％以上」を達成することを目標とし、この目標及び育児休業の取得の促進に関する方針を社長から従業員に定期的に周知すること。また、男性労働者の取得率や期間の目標については、達成状況を踏まえて必要な際には上方修正を行うことについて労使間で協議を行うこと（注2）。
　四　育児休業申出に係る労働者の意向について、各事業所の人事担当部署から、当該労働者に書面を交付し回答を求めることで確認する措置を講じた上で、労働者から回答がない場合には、再度当該労働者の意向確認を実施し、当該労働者の意向の把握を行うこと。
（出生時育児休業中の就業）
第10条　出生時育児休業中の就業を希望する従業員は、就業可能日等を申出ることができるものとする。
（社内の取り決め）
第11条　出生時育児休業を取得する従業員について、出生時育児休業中の弊社製品の購入割引を認めるものとする。
（有効期間）
第11条　本協定の有効期間は、令和4年10月 1日から 令和5年 9 月 30日までとする。ただし、有効期間満了の1か月前までに、会社、組合いずれからも申出がないときは、更に1年間有効期間を延長するものとし、以降も同様とする。

令和4年 9 月 30 日 株式会社○○ 代表取締役　　佐藤太郎　　　労働組合□□ 執行委員長　　**鈴木　五郎**

（注1）　研修の対象は全労働者が望ましいですが、少なくとも管理職については対象とすることが必要です。
（注2）　数値目標の設定に当たっては、育児休業の取得率のほか当該企業における独自の育児目的の休暇制度を含めた取得率等を設定すること等も可能ですが、少なくとも男性の取得状況に関する目標を設定することが必要です。

社内独自の決まりがある場合は、その旨を盛り込んでおく

育児休業中の社会保険料の扱い

2022年10月1日から
免除の要件が変更された

　3歳に満たない子どもを養育するための育児休業等（育児休業および育児休業に準じる休業）の期間は、会社が「育児休業等取得者申出書」を日本年金機構へ提出することにより、社会保険料（健康保険料・厚生年金保険料）が会社負担分・被保険者負担分ともに免除されます。健康保険法・厚生年金保険法が改正され、2022年10月1日以降は月次給与に係る保険料の免除となる範囲は拡大し、賞与に係る保険料の免除範囲は縮小されました。

　法改正前は、月末に育児休業を取得している場合は、当月分の給与および、支給月であれば賞与に係る社会保険料が免除となっていました。

　法改正後、給与に関しては、改正前の要件に加えて、月末に休業していなくても同月内に14日以上休業していれば免除の対象になります。この「14日」には、土日などの休日も含まれます。ただし、休業中の就業日は除かれます。賞与に関して

は、月末に休業していても1カ月を超える期間の休業とならない場合は保険料免除の対象外となりました。休業期間が1カ月ぴったりでは免除されず、月末をまたいで休業している場合は1カ月超とみなされます。

　社会保険料免除の対象期間は、休業を開始した月から終了日の翌日が属する月の前月までなので、たとえば、2023年7月24日から2024年5月30日まで育児休業を取得するAさんは、2023年7月から2024年4月分までの保険料が免除されます。Aさんの勤める会社で賞与が7月と12月に支給される場合、7月支給分と12月支給分の賞与は保険料が免除されます。

　保険料の免除は給与計算に直結する手続きです。そのため、要件をしっかりと整理し、ミスなく手続きできるよう準備しておきましょう。特に賞与計算を行う際には、①月末を含む育児休業かどうか、②当該休業が1カ月を超える期間かどうか、の2点を必ず確認してください。

第4章

従業員に提出してもらう社内書類を作成する

従業員から申出があった場合、会社は提出された申出書を確認し、これを認めるかどうかを判断する必要があります。第4章では申出書の記入例から、期限、提出場所に至るまで具体的な手続きの方法を解説します。

育児休業申出時に使用する
育児休業申出書の記入例

☑ 「育児休業申出書」を従業員に提出してもらう
☑ 会社は「育児休業取扱通知書」で受理の通知を行う

育児休業申出書を提出してもらう

　「育児休業申出書」とは、育児休業または出生時育児休業の取得の要件を満たす従業員が育児休業を申し出るため会社へ提出する書式です。期間内に、会社（総務部など）に届け出るよう従業員へ周知しましょう。

　申出の期間は、育児休業開始の1カ月前まで（延長と再延長の申出の場合は2週間前まで）です。このとき、「2カ月前までに申し出ること」といった具合に、会社独自に長い期間に変更することはできないので注意が必要です。

　提出方法は、書面（FAX、書面にできる場合は電子メールなど）です。育児・介護休業法施行規則で申出を行ったかどうかの紛争を避けるために書面で行うことが規定されています。もし、従業員から口頭で育児休業の申出があったら、書面での提出を求めましょう。

　会社は従業員から育児休業申出書を受け取ったら、受理した旨を「育児休業取扱通知書」で通知します。育児休業申出を受けた日、育児休業開始予定日と終了日を育児休業の申出をした従業員に通知しましょう。

育児休業申出書の提出先などを明記する

　育児休業申出書の2枚目では、提出先の記入欄を設けています（142ページ参照）。申出書に提出先を記載することは義務ではありませんが、提出期限やその他の提出方法（FAXや電子メールなど）を認める場合は、その旨を明記しておくとよいでしょう。

育児・介護休業法
育児や介護を行う従業員が、仕事と家庭を両立して働くことを支援するための法律。2022年4月1日から段階的な改正が施行されている。

▶ 育児休業申出書の記入例 1 枚目

社内様式 1

（出生時）育児休業申出書

代表取締役
佐藤　太郎 殿

［申出日］**令和 5 年 1 月 31 日**
［申出者］所属　**経理部**
　　　　　氏名　**山田　結**

私は、育児・介護休業等に関する規則（第 3 条及び第 7 条）に基づき、下記のとおり育児休業の申出をします。

記

1 育児・介護休業等に関する申出

1　休業に係る子の状況	(1) 氏名	山田　陽菜		
	(2) 生年月日	令和 5 年 1 月 27 日		
	(3) 本人との続柄	長女		
	(4) 養子の場合、縁組成立の年月日		年　　　月　　　日	
	(5) (1)の子が、特別養子縁組の監護期間中の子・養子縁組里親に委託されている子・養育里親として委託された子の場合、その手続きが完了した年月日		年　　　月　　　日	
2　1の子が生まれていない場合の出産予定者の状況	(1) 氏名 (2) 出産予定日 (3) 本人との続柄			
3　出生時育児休業				
3-1　休業の期間	年　　　月　　　日から　　　年　　　月　　　日まで （職場復帰予定日　　　　年　　　月　　　日） ※出生時育児休業を 2 回に分割取得する場合は、1 回目と 2 回目を一括で申し出ること 　　　　年　　　月　　　日から　　　年　　　月　　　日まで （職場復帰予定日　　　　年　　　月　　　日）			
3-2　申出に係る状況	(1) 休業開始予定日の 2 週間前に申し出て	いる・いない→申出が遅れた理由〔　　　　　　　　　　　〕		
	(2) 1の子について出生時育児休業をしたことが（休業予定含む）	ない・ある（　回）		
	(3) 1の子について出生時育児休業の申出を撤回したことが	ない・ある（　回）		
4　1歳までの育児休業（パパ・ママ育休プラスの場合は 1 歳 2 か月まで）				
4-1　休業の期間	令和 5 年 3 月 25 日から　令和 6 年 1 月 26 日まで （職場復帰予定日　令和 6 年 1 月 29 日） ※1 回目と 2 回目を一括で申し出る場合に記載（2 回目を後日申し出ることも可能） 　　　　年　　　月　　　日から　　　年　　　月　　　日まで （職場復帰予定日　　　　年　　　月　　　日）			

青字：会社が入
黒字：従業員が記入

育児休業に係る子どもが産まれていない場合はここへ記入する

	4-2　申出に係る状況	(1) 休業開始予定日の1か月前に申し出て	⟨いる⟩・いない→申出が遅れた理由 〔　　　　　　　　　　　　　　　〕
		(2) 1の子について育児休業をしたことが（休業予定含む）	⟨ない⟩・ある（　回） →ある場合 休業期間：　　　年　　月　　　日から 　　　　　　　　年　　月　　　日まで →2回ある場合、再度休業の理由 〔　　　　　　　　　　　　　　　〕
		(3) 1の子について育児休業の申出を撤回したことが	⟨ない⟩・ある（　回） →2回ある場合又は1回あるかつ上記（2）がある場合、再度申出の理由 〔　　　　　　　　　　　　　　　〕
		(4) 配偶者も育児休業をしており、規則第　条第　項に基づき1歳を超えて休業しようとする場合（パパ・ママ育休プラス）	配偶者の休業開始（予定）日 　　　　年　　月　　　日
5	1歳を超える育児休業		
	5-1　休業の期間		年　　　月　　　日から　　年　　　月　　　日まで （職場復帰予定日　　　年　　月　　　日）
	5-2　申出に係る状況	(1) 休業開始予定日の2週間前に申し出て	いる・いない→申出が遅れた理由 〔　　　　　　　　　　　　　　　〕
		(2) 1の子について1歳を超える育児休業をしたことが（休業予定含む）	ない・ある→再度休業の理由 〔　　　　　　　　　　　　　　　〕 休業期間：　　　年　　月　　　日から 　　　　　　　　年　　月　　　日まで
		(3) 1の子について1歳を超える育児休業の申出を撤回したことが	ない・ある→再度申出の理由 〔　　　　　　　　　　　　　　　〕
		(4) 休業が必要な理由	
		(5) 1歳を超えての育児休業の申出の場合で申出者が育児休業中でない場合	配偶者が休業　している・していない 配偶者の休業（予定）日 　　　　年　　月　　　日から 　　　　年　　月　　　日まで

あてはまるものを丸で囲む

（注）上記3、4の休業は原則各2回まで、5の1歳6か月まで及び2歳までの休業は原則各1回です。申出の撤回1回（一の休業期間）につき、1回休業したものとみなします。

＜提出先＞　直接提出や郵送のほか、電子メールでの提出も可能です。育児休業の開始の1カ月前まで（延長と再延長の申出の場合は2週間前まで）に人事部へ提出してください。
　　　　課　メールアドレス：　　　jinji　@　　××○○

提出先やその他の提出方法を認める場合には、その旨を明記しておく

▶ 育児休業取扱通知書の記入例

社内様式2

〔（出生時）育児・介護〕休業取扱通知書

山田　結　殿

令和5年　2月　3日
会社名　株式会社〇〇

あなたから **令和5年 1月 31日** に〔（出生時）育児・介護〕休業の 申出・期間変更の申出・申出の撤回 がありました。育児・介護休業等に関する規則（第3条、第4条、第5条、第7条、第8条、第9条、第11条、第12条及び第13条）に基づき、その取扱いを下記のとおり通知します（ただし、期間の変更の申出及び出生時育児休業中の就業日があった場合には下記の事項の若干の変更があり得ます。）。

記

1 休業の期間等	(1)適正な申出がされていましたので申出どおり **令和5年 3月 25日** から **令和6年 1月 26日** まで〔出生時育児・育児・介護〕休業してください。職場復帰予定日は、**令和6年 1月 29日** です。 (2)申し出た期日が遅かったので休業を開始する日を　　年　　月　　日にしてください。 (3)あなたは以下の理由により休業の対象者でないので休業することはできません。 (4)あなたが　　　年　　月　　日にした休業申出は撤回されました。 (5)（介護休業の場合のみ）申出に係る対象家族について介護休業ができる日数は通算93日です。今回の措置により、介護休業ができる残りの回数及び日数は、（　）回（　）日になります。
2 休業期間中の取扱い等	(1) 休業期間中については給与を支払いません。 (2) 所属は **経理** 課のままとします。 (3) ⊙（（出生時）育児休業のうち免除対象者）あなたの社会保険料は免除されます。 ・（介護休業の場合等免除対象外）あなたの社会保険料本人負担分は、　　月現在で1月約　　円ですが、休業を開始することにより、　　月からは給与から天引きができなくなりますので、月ごとに会社から支払い請求書を送付します。指定された日までに下記へ振り込むか、　　に持参してください。 振込先： (4) 税については市区町村より直接納税通知書が届きますので、それに従って支払ってください。 (5) 毎月の給与から天引きされる社内融資返済金がある場合には、支払い猶予の措置を受けることができますので、**総務部** に申し出てください。 (6) 職場復帰プログラムを受講したい場合は、希望の場合は **人事** 課に申し出てください
3 休業後の労働条件	(1) 休業後のあなたの基本給は、**3級 1号 300000** 円です。 (2) ――年――月の賞与については算定対象期間に――日の出勤日がありますので、出勤日数により日割りで計算した額を支払します。 (3) 退職金の算定に当たっては、休業期間を勤務したものとみなして勤続年数を計算します。 (4) 復職後は原則として **経理** 課で休業をする前と同じ職務についていただく予定ですが、休業終了1か月前までに正式に決定し通知します。 (5) あなたの **今年度** の有給休暇はあと **3** 日ありますので、これから休業期間を除き令和●年 ●月●日までの間に消化してください。 次年度の有給休暇は、今後●日以上欠勤がなければ、繰り越し分を除いて●日の有給休暇を請求できます。
4 その他	(1) お子さんを養育しなくなる、家族を介護しなくなる等あなたの休業に重大な変更をもたらす事由が発生したときは、なるべくその日に **人事** 課あて電話連絡をしてください。この場合の休業終了後の出勤日については、事由発生後2週間以内の日を会社と話し合って決定していただきます。 (2) 休業期間中についても会社の福利厚生施設を利用することができます。

（注）上記のうち、1(1)から(4)までの事項は事業主の義務となっている部分、それ以外の事項は努力義務となっている部分です。

申出を受けた日を記入

育児休業の開始予定日と終了予定日を記入

対象の子が出生したときに使用する育児休業対象児出生届の記入例

☑ 対象の子どもが産まれたら、育児休業対象児出生届を受け取る
☑ 各種証明書の提出を従業員に求めることができる

申出後に出生したら届出を受け取る

「育児休業対象児出生届」とは、事前に育児休業の申出などを行った従業員に、申出に係る子どもが出生した際に提出させる届出のことです。従業員は、子どもの出生後2週間以内に会社へ提出しなくてはなりません。

なお、この育児休業対象児出生届を使用するのは、育児休業の申出だけに限りません。所定外労働制限の請求（158ページ参照）や、時間外労働制限の請求（160ページ参照）、深夜業制限の請求（162ページ参照）、育児短時間勤務の申出（164ページ参照）において対象の子どもが出生したときも、従業員は届出を行います。

また、届出の記載時の注意点として、申出の日付をきちんと記入することが挙げられます。しばしば日付が空欄のまま提出されることがありますが、申出に記載する日付も、制度利用ができるかの判断基準の1つです。そのため、従業員には申出の日時を必ず記入するように伝えてください。

診断書や出生証明書の提出を求める

また、申出書には、子どもの生年月日を記入する欄を設ける場合があります。

会社は、その内容が正しいかどうかを確認するために、証明書の提出を求めることができますが、このとき提出する証明書は、できるだけ従業員にとって負担が少ないものが望ましいとされています。たとえば、育児休業対象児出生届の提出であれば、母子健康手帳のコピー、地方公共団体が発行した出生届受理証明書の提出を求めると、従業員も用意しやすいでしょう。

母子健康手帳
市区町村ごとに交付される手帳のこと。妊婦の健康状態や妊娠中の経過の記録、出産の状態と産後の経過などを記入する。

出生届受理証明書
出生に関する戸籍の届出を受理したことを証明するもの。届出を受理した市区町村が発行する。

▶ 対象児出生届の記入例

社内様式3

〔（出生時）育児休業・育児のための所定外労働制限・育児のための
時間外労働制限・育児のための深夜業制限・育児短時間勤務〕対象児出生届

代表取締役
佐藤　太郎 殿

［申出日］　**令和5年 2 月 5 日**
［申出者］所属 **経理部**
　　　　　氏名 **山田　結**

　私は、**令和5年 1 月31日**に行った〔（出生時）育児休業の申出・所定外労働制限の請求・時間外労働制限の請求・深夜業制限の請求・育児短時間勤務の申出〕において出生していなかった〔（出生時）育児休業・所定外労働制限・時間外労働制限・深夜業制限・育児短時間勤務〕に係る子が出生しましたので、（育児・介護休業等に関する規則（第3条、第7条、第16条、第17条、第18条及び第19条）に基づき、下記のとおり届け出ます。

記

1　出生した子の氏名　　**山田　陽菜**

2　出生の年月日　　　　**令和5年1月27日**

3　性別　　　　　　　　**女**

子どもの性別をあらかじめ
聞いておいてもよい

出生後2週間以内に
申し出ているか確認

▶ 出生を証明する書類の種類

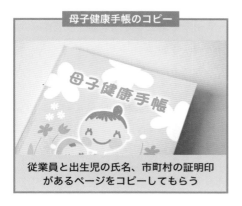

母子健康手帳のコピー

従業員と出生児の氏名、市町村の証明印
があるページをコピーしてもらう

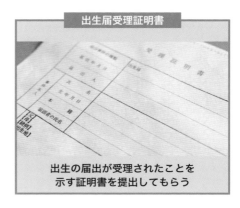

出生届受理証明書

出生の届出が受理されたことを
示す証明書を提出してもらう

育休申出の撤回時に使用する
育児休業申出撤回届の記入例

☑ 撤回の申出は育児休業開始予定日の前日まで可能
☑ 従業員から申出を受け取ったら育児休業取扱通知書で通知する

育児休業申出撤回届を提出してもらう

　従業員から「育児休業取得の申出を撤回したい」との申出があったら、会社へ「育児休業申出撤回届」を提出してもらいましょう。育児休業開始予定日の前日までであれば、理由にかかわらず1回のみ撤回することができます。育児休業取得の申出を撤回する旨と届出を提出した年月日を記入、提出してもらいましょう。

　これまで育児休業の分割取得はできませんでしたが、2022年10月1日以降、2回まで分割で取得することが可能となりました。従業員が育児休業を2回申し出たときは、それぞれの申出につき1回ずつ撤回を認めることができますが、1回の撤回につき、休業は取得されたものとしてカウントされます。

育児休業取扱通知書で通知する

　育児休業申出撤回届を従業員から受け取ったら、会社は撤回の申出を受けたことを通知する義務があります。

　撤回を認める場合は、育児休業取扱通知書で従業員へ通知しましょう（143ページ参照）。通知書には、育児休業の撤回の申出を受けた旨を明記します。撤回の申出を拒む場合は、その旨と理由を忘れずに記載してください。なお、特別な理由を除いて、撤回後は従業員がその育児休業について再度の申出をすることはできません。撤回後の申出が認められるのは、配偶者が子どもと同居しなくなったとき、入所を予定していた保育所等に入れないことになったとき、子どもの負傷や疾病などにより2週間以上の世話が必要となったときなどです。なお、撤回しても2回目の育児休業の申出をすることは可能です。

保育所
保護者からの委託を受け、保育を必要とする乳児や幼児を保育するための児童福祉施設。

▶ 育児休業申出撤回届の記入例

社内様式4

〔（出生時）(育児)・介護〕休業申出撤回届

代表取締役
佐藤　太郎　殿

［申出日］令和5 年 2 月 5 日
［申出者］所属 経理部
　　　　　氏名 山田　結

　私は、育児・介護休業等に関する規則（第4条、第8条及び第12条）に基づき、令和5 年 1 月 31 日に行った 〔（出生時）(育児)・介護〕休業の申出を撤回します。

※同日に複数期間申出している場合は、撤回する休業期間を記載すること。

▶ 父親の出生時育児休業の申出の撤回例

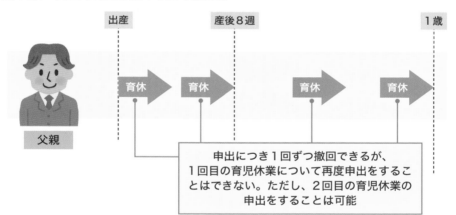

申出につき1回ずつ撤回できるが、
1回目の育児休業について再度申出をすることはできない。ただし、2回目の育児休業の申出をすることは可能

育児休業の延長や再延長についてもそれぞれ1回ずつ撤回ができます

育休の期間変更時に使用する 育児休業期間変更申出書の記入例

☑ 育児休業の繰り下げは終了予定日の1カ月前までに申し出てもらう
☑ 従業員に育児休業取扱通知書を交付する

繰り上げか繰り下げかで申出期間が異なる

「育児休業期間変更申出書」とは、1度申出を行った育児休業の期間の変更を申し出る場合に、従業員が届出を行う様式のことです。

通常であれば、申出を受けた期間が育児休業の期間となりますが、従業員が会社へ申し出ることにより、育児休業1回の取得につき1度だけ期間の変更を行うことができます。

たとえば、出産予定日より子どもが早く出生したとき、期間の変更を希望する従業員が出ることがあるでしょう。

予定より早く育児休業に入ることを希望する場合、開始予定日の1週間前までに申出を行えば、開始予定日を繰り上げることができます。

終了予定日の繰り下げは、終了予定日の1カ月前まで（育児休業の延長や育児休業の再延長は2週間前まで）に申し出る必要があります。なお、延長や再延長について、開始予定日の変更は認められていません。

必ず通知が必要な項目を忘れずに明記

従業員から、育児休業期間変更申出書を受け取ったら、会社は育児休業取扱通知書をすみやかに交付しましょう。

変更の申出があった場合、会社は申出を受けたことを必ず通知しなくてはなりません。育児休業取扱通知書には、育児休業期間の変更の申出を受けた旨と育児休業の開始予定日および終了予定日を必ず明記します。

育児休業取扱通知書
従業員から育児休業申出書が提出された後、会社から育児休業中の取扱を通知する書類（143ページ参照）。

▶ 育児休業期間変更申出書の記入例（休業終了予定日を12月に繰り上げる場合）

社内様式5

〔（出生時）(育児)・介護〕休業期間変更申出書

代表取締役

佐藤　太郎 殿

[申出日]　**令和5 年 9 月 1 日**
[申出者] 所属 **経理部**
　　　　　氏名 **山田　結**

　私は、育児・介護休業等に関する規則（第5条、第9条及び第13条）に基づき、**令和5 年 1 月31日**に行った〔（出生時）(育児)・介護〕休業の申出における休業期間を下記のとおり変更します。

記

1　当初の申出における休業期間	**令和5 年 3 月 25 日から** **令和6 年 1 月 26 日まで**
2　当初の申出に対する会社の対応	休業開始予定日の指定 ・　有　→　指定後の休業開始予定日 　　　　　　　　　　　年　　　　月　　　　日 ・　(無)
3　変更の内容	(1) 休業〔開始・終了〕予定日の変更 (2) 変更後の休業〔開始 (終了)〕予定日
	令和5 年 12 月 31 日
4　変更の理由 　（休業開始予定日の変更の場合のみ）	

(注) 1歳6か月まで及び2歳までの育児休業及び介護休業に関しては休業開始予定日の変更はできません。

<提出先>　　育児休業開始予定日を繰り上げる場合は開始予定日1週間前まで、育児休業終了予定日を繰り下げる場合は、終了予定日の1カ月前までに人事部へ提出してください。育児休業の期間の変更を希望するときに提出を行ってください。

提出先や提出期限を
明記しておく

当てはまるものを丸で囲む

育児休業開始予定日を変更する
場合は従業員にその理由を明記
してもらいましょう

就業するときに使用する 就業可能日等申出・変更申出書の記入例

☑ 従業員から提出された可能日に必ずしも就業させる必要はない
☑ 出生時育児休業中の就業日等通知書で通知

労使協定を結んでいないと就業できない

「出生時育児休業中の就業可能日等申出・変更申出書」は、出生時育児休業中に就業を希望する従業員に提出してもらう書式です。

従業員には、就業可能な日にち、就業できる時間帯、テレワークの可否など就業の労働条件を記入してもらいます。育児休業開始予定日の前日までに、会社へ提出してもらいましょう。

なお、出生時育児休業中の従業員が就業するためには、あらかじめ労使協定の締結がされていることが必要です（136ページ参照）。

就業可能日等申出書受取後の流れ

従業員から申出を受け取ったら、会社はその内容に基づき就業日を提示します。通知は、「出生時育児休業中の就業日等の提示について」で行います。このとき、必ずしも従業員が提出した就業可能日に就業させる必要はありません。会社で検討した結果、どの日も就業させないことになった場合は、その旨を通知しましょう。

従業員は通知を受けたら、「出生時育児休業中の就業日等の［同意・不同意］書」で、その通知内容に同意するか否かを会社に申し出ます。

就業日が確定したら、従業員に対して「出生時育児休業中の就業日等通知書」で通知を行います。出生時育児休業中の就業については、休業前と同じ条件とは限らず、限定的あるいはまったく異なる場合も往々にしてあります。

申出の手続きを進める前に、従業員との認識をすり合わせておくことや、休業中の給与計算の方法などについてあらかじめ示しておくとよいでしょう。

テレワーク
ICT（情報通信技術）を活用して時間や場所にとらわれずに柔軟に働くこと。在宅勤務、リゾートで行うワーケーションなども含めた総称。

▶ 出生時育児休業中の就業可能日等申出・変更申出書の記入例

社内様式 15

出生時育児休業中の就業可能日等申出・変更申出書

代表取締役

佐藤　太郎 殿

［申出日］**令和5年 3月 2日**
［申出者］所属 **営業部**
　　　　　氏名 **田中　一郎**

　私は、育児・介護休業等に関する規則（第9条の2）に基づき、下記のとおり出生時育児休業中の就業可能日等の〔(申出)・変更申出〕をします。

記

1．出生時育児休業取得予定日

　令和5年 4月 3日（月曜日）から令和5年 4月 14日（金曜日）まで

2．就業可能日等（変更申出の場合は当初申出から変更がない期間も含めて全て記載）

日付	時間	備考 （テレワーク等の希望）
令和5年 4月 5日（水曜日）	**9時00分～15時00分**	テレワークを 希望します
令和5年 4月12日（水曜日）	**9時00分～15時00分**	

（注1）　申出後に変更が生じた場合は、休業開始予定日の前日までの間にすみやかに変更申出書を提出してください。

（注2）　休業開始予定日の前日までに、就業可能日等の範囲内で就業日時等を提示します。提示する就業日がない場合もその旨通知します。

> 従業員から働き方の希望があればその旨を「備考」の欄に書いてもらう

▶ 申出書受取後の流れ

会社 | 「出生時育児休業中の就業日等の提示について」で就業日を通知

↓

従業員 | 「出生時育児休業中の就業日等の［同意・不同意］書」で同意するか否かを申出

↓

会社 | 「出生時育児休業中の就業日等通知書」で就業日を通知

▶ 出生時育児休業中の就業日等の提示についての記入例

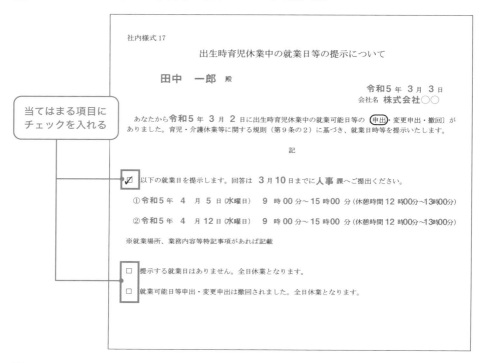

社内様式17

出生時育児休業中の就業日等の提示について

田中　一郎　殿

令和5 年　3 月　3 日
会社名　株式会社○○

当てはまる項目に
チェックを入れる

あなたから**令和5 年　3 月　2** 日に出生時育児休業中の就業可能日等の（申出）・変更申出・撤回）が
ありました。育児・介護休業等に関する規則（第9条の2）に基づき、就業日時等を提示いたします。

記

☑ 以下の就業日を提示します。回答は　**3** 月**10**日までに**人事** 課へご提出ください。

①**令和5** 年　**4** 月　**5** 日(水曜日)　**9** 時**00**分～**15** 時**00** 分 (休憩時間**12** 時00分～13時00分)

②**令和5** 年　**4** 月　**12** 日(水曜日)　**9** 時**00**分～**15** 時**00** 分 (休憩時間**12** 時00分～13時00分)

※就業場所、業務内容等特記事項があれば記載

☐ 提示する就業日はありません。全日休業となります。

☐ 就業可能日等申出・変更申出は撤回されました。全日休業となります。

▶ 出生時育児休業中の就業日等の［同意・不同意］書の記入例

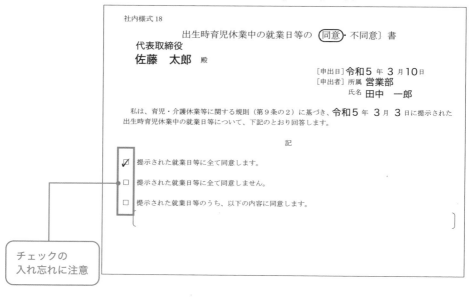

社内様式18

出生時育児休業中の就業日等の（同意）・不同意〕書
代表取締役
佐藤　太郎　殿

［申出日］**令和5** 年 **3** 月**10**日
［申出者］所属　**営業部**
氏名　**田中　一郎**

私は、育児・介護休業等に関する規則（第9条の2）に基づき、**令和5 年　3 月　3** 日に提示された
出生時育児休業中の就業日等について、下記のとおり回答します。

記

☑ 提示された就業日等に全て同意します。

☐ 提示された就業日等に全て同意しません。

☐ 提示された就業日等のうち、以下の内容に同意します。

チェックの
入れ忘れに注意

152

▶ 出生時育児休業中の就業日等通知書の記入例

社内様式 20

出生時育児休業中の就業日等通知書

田中　一郎　殿

令和 5 年 3 月 31 日
会社名 株式会社○○

　あなたから **令和 5 年 3 月 10** 日に出生時育児休業中の就業日等の（**全面同意**・一部同意・撤回）がありました。育児・介護休業等に関する規則（第 9 条の 2 ）に基づき、就業日等を下記のとおり通知します。

記

1	休業の期間	**令和 5 年 4 月 3** 日 **(月** 曜日) から **令和 5 年 4 月 14** 日 **(金** 曜日)（ **10** 日）
2	就業日等申出撤回	(1) あなたが　　　　年　　月　　　日にした出生時育児休業中の就業日等の同意は撤回されました。 (2) あなたが　　　　年　　月　　　日に同意した出生時育児休業中の就業日等について、　　　年　　月　　　日に撤回届が提出されましたが、撤回可能な事由（※）に該当しないため撤回することはできません。当該日に休む場合は、事前に　　　　課まで連絡してください。
3	就業日等	就業日合計　　　**2**　日（就業可能日数上限　　　**2**　日） 労働時間合計　　　**5**　時間（就業可能労働時間上限　　**5**　時間） ①令和5年 4 月 5 日 (水 曜日)　　9 時 00 分～15 時 00 分 　（休憩時間 12 時00分～13時00分） ②令和5年 4 月 12 日 (水 曜日)　　9 時 00 分～15 時 00 分 　（休憩時間 12 時00分～13時00分） ※就業場所、業務内容等特記事項があれば記載
4	その他	上記就業日等に就業できないことが判明した場合は、なるべく判明した日に　　　　課まで連絡してください。

（※）休業開始日以降に就業日等を撤回可能な事由
一　出生時育児休業申出に係る子の親である配偶者の死亡
二　配偶者が負傷、疾病又は身体上若しくは精神上の障害その他これらに準ずる心身の状況により出生時育児休業申出に係る子を養育することが困難な状態になったこと
三　婚姻の解消その他の事情により配偶者が出生時育児休業申出に係る子と同居しないこととなったこと
四　出生時育児休業申出に係る子が負傷、疾病又は身体上若しくは精神上の障害その他これらに準ずる心身の状況により、2 週間以上の期間にわたり世話を必要とする状態になったとき

上記が厚生労働省令で定める事由ですが、事業主が幅広く撤回を認めることは差し支えありません

就業日や労働時間を明記する

当てはまるものを丸で囲む

育休中の就業撤回時に使用する 申出撤回届の記入例

☑ 出生時育児休業中の就業日等の提示について通知する
☑ 出生時育児休業中の就業日等通知書で通知する

出生時育児休業中の就業可能日等申出撤回届を受け取る

　出生時育児休業中の就業は、就業開始日の前日までに申し出れば、理由にかかわらず申出を撤回できます。

　従業員が「出生時育児休業中の就業可能日等申出・変更申出書」（150ページ参照）の内容の撤回を希望する場合は、「出生時育児休業中の就業可能日等申出撤回届」を提出してもらいましょう。その後、撤回を受理したときは速やかに「出生時育児休業中の就業日等の提示について」で従業員に対して通知を行ってください（152ページ参照）。

出生時育児休業中の就業日等撤回届を受け取る

　従業員から「出生時育児休業中の就業日等の［同意・不同意］書」（152ページ参照）が提出され、就業日が確定したあとにおいても同様です。

　出生時育児休業開始日の前日までに「出生時育児休業中の就業日等撤回届」が提出されれば、理由にかかわらず撤回ができます。ただし、出生時育児休業の開始後、原則就業日や就業時間を変更することはできません。

　会社が認める特別な事情がある場合（出生時育児休業の申出に係る子の親である配偶者が死亡したとき、配偶者がケガや病気で申出に係る子を養育することが難しくなったときなど）において、撤回が認められます。

　従業員から、出生時育児休業中の就業日等撤回届が提出されたら、会社は「出生時育児休業中の就業日等通知書」で通知を行いましょう。

就業時間
就業規則に定められた、始業から終業までの休憩時間を含む時間。

▶ 出生時育児休業中の就業可能日等申出撤回届の記入例

社内様式16

出生時育児休業中の就業可能日等申出撤回届

代表取締役
佐藤　太郎　殿

[申出日] **令和5 年 3 月 31日**
[申出者] 所属 **営業部**
　　　　 氏名 **田中　一郎**

　私は、育児・介護休業等に関する規則（第9条の2）に基づき、**令和5 年 3 月 2 日**に行った出生時育児休業中就業可能日等〔**申出**・変更申出〕を撤回します。

> 当てはまる項目を丸で囲む

▶ 出生時育児休業中の就業日等撤回届の記入例

社内様式19

出生時育児休業中の就業日等撤回届

代表取締役
佐藤　太郎　殿

[申出日] **令和5 年 3 月 15日**
[申出者] 所属 **営業部**
　　　　 氏名 **田中　一郎**

　私は、育児・介護休業等に関する規則（第9条の2）に基づき、**令和5 年 3 月10日**に同意した出生時育児休業中の就業日等について、〔**全部**・一部〕撤回します。

撤回する就業日等を記載
　　令和5 年 4 月 5 日（水曜日）　　9 時00 分～15 時00 分

　　令和5 年 4 月12 日（水曜日）　　9 時00 分～15 時00 分

休業開始日以降の撤回の場合は、撤回理由を記載（開始日前の場合は記載不要）

> 丸で囲み忘れないように注意

休暇が必要なときに使用する
子の看護休暇申出書の記入例

☑ 申出があれば1日単位か時間単位で取得させる義務がある
☑ 電話での申出も認められる

子の看護休暇申出書を受け取る

子どもの病気やケガで世話が必要なとき、あるいは健康診断や予防接種を受けさせるために休暇が必要なときは、「子の看護休暇申出書」を従業員に提出してもらいます。

子の看護休暇申出書には「申出理由」の欄があります。本来の目的で取得した休暇かどうかを確認したい場合、会社は従業員に対し証明書の提出を求めることができます。保育所へ登園しなかったことがわかる連絡表や申出に係る子どもが受診した医療機関の領収書などを提出してもらうとよいです。

子の看護休暇申出書の「取得する日」には、取得する日付と時間帯を記入してもらいます。子ども1人につき、年度ごとに5日、2人以上なら10日が付与されますので、正しく記入されているかを確認してください。

また、従業員から希望があった場合は、1日単位での取得や1時間単位で取得させることが義務付けられています。従業員が取得を希望する時間数で付与しましょう。

電話での取得申出に対応する

子の看護休暇については、書面で申出をする義務はなく、口頭でも認める必要があります。

たとえば、従業員から休業当日に電話での取得の申出があったら、会社はこれを拒むことはできません。基本的には、会社へ書面での申出をすることを原則としつつ、事前に連絡することが困難な場合に限り、電話での申出後、出社時に書面で提出させる方法を取るとトラブルを未然に防げるでしょう。

子の看護休暇申出書の記入例

社内様式7

〔子の看護休暇・介護休暇〕申出書

代表取締役
佐藤 太郎 殿

〔申出日〕**令和6年5月5日**
〔申出者〕所属 **経理部**
　　　　　氏名 **山田 結**

私は、育児・介護休業等に関する規則（第14条及び第15条）に基づき、下記のとおり（子の看護休暇）・介護休暇〕の申出をします。

記

〔子の看護休暇〕　　　　　〔介護休暇〕

1　申出に係る家族の状況	(1) 氏名	山田 陽菜	
	(2) 生年月日	令和5年1月27日	
	(3) 本人との続柄	長女	
	(4) 養子の場合、縁組成立の年月日		
	(5) (1)の子が、特別養子縁組の監護期間中の子・養子縁組里親に委託されている子・養育里親として委託された子の場合、その手続きが完了した年月日		
	(6) 介護を必要とする理由		
2　申出理由	子どもがケガをし、病院で診察を受けるため		
3　取得する日	令和6年 5月 6日 9時00分から 令和6年 5月 6日 12時00分まで		
4　備考	令和6年4月1日〜令和7年3月31日（1年度）の期間において		

育児　対象 1人　5日　　　　介護　対象　　人　　　日
取得済日数・時間数　0日0時間　　取得済日数・時間数　　日　　時間
今回申出日数・時間数　0日3時間　今回申出日数・時間数　　日　　時間
残日数・残時間数　4日5時間　　残日数・残時間数　　日　　時間
これまでの申請回数　計 0回

（注1）当日、電話などで申し出た場合は、出勤後すみやかに提出してください。
　　　　3については、複数の日を一括して申し出る場合には、申し出る日をすべて記入してください。
（注2）子の看護休暇の場合、取得できる日数は、小学校就学前の子が1人の場合は年5日、2人以上の場合は年10日となります。時間単位で取得できます。
（注3）「中抜け」は認めていません。出社時間あるいは退勤時間まで連続する時間を記入してください。

中抜けを認めるかを明記する

養子の場合は記入

労働時間を制限するために使用する 所定外労働制限請求書の記入例

☑ 対象の子どもが産まれたら出生届を提出してもらう
☑ 所定外労働制限請求書の提出には制限回数がない

所定外労働制限対象児出生届を提出してもらう

　「所定外労働制限請求書」とは、3歳に満たない子どもを養育する従業員が、その子どもを養育するために所定労働時間を超えて働くことを制限する請求をするための書式です。

　所定外労働制限請求書の対象となる子どもが出生している場合は、「請求に係る家族の状況」を、出生していない場合は、「育児の場合、1の子が生まれていない場合の出産予定者の状況」の欄に氏名などの詳細が記入されているかを確認します。

　この請求を受け取ったあとに、請求に係る子どもが出生した場合は、従業員に出生後2週間以内に「育児のための所定外労働制限対象児出生届」を提出してもらいましょう。

育児のための所定外労働制限対象児出生届
事前に所定外労働制限の請求などを行っていた従業員の申出に係る子が出生したとき、2週間以内に提出してもらう書類（144ページ参照）。

制限の期間と請求に係る状況を確認する

　「制限の期間」の欄は、1カ月以上1年以内の期間の請求になっているかを確認します。もし、従業員から1年を超える請求があった場合は、期間の修正を促しましょう。なお、請求回数に制限はないため、1年以内の期間を複数回請求するように伝えるとよいでしょう。

　「請求に係る状況」の欄では、制限開始予定日の1カ月前に請求しているかどうかを従業員に記入してもらいます。制限開始予定日の1カ月前を過ぎてから提出された場合、会社はこれを認めなくてもよいことになっています。

　また、会社独自に制限開始予定日の申出期間を変更する場合は、2週間や3週間前など短めに設定してもかまいません。開始予定日を早められることは、従業員にとって有利に働くためです。

▶ 育児のための所定外労働制限請求書の記入例

社内様式8

〔育児・介護〕のための所定外労働制限請求書

代表取締役
佐藤　太郎 殿

[請求日] **令和6年 3月 1日**
[請求者] 所属 **経理部**
氏名 **山田　結**

　私は、育児・介護休業等に関する規則（第16条）に基づき、下記のとおり〔育児〕介護〕のための所定外労働の制限を請求します。

記

		〔育児〕	〔介護〕
1　請求に係る家族の状況	(1)氏名	山田　陽菜	
	(2)生年月日	令和5年1月27日	
	(3)本人との続柄	長女	
	(4)養子の場合、縁組成立の年月日		
	(5) (1)の子が、特別養子縁組の監護期間中の子・養子縁組里親に委託されている子・養育里親として委託された子の場合、その手続きが完了した年月日		
	(6)介護を必要とする理由		
2　育児の場合、1の子が生まれていない場合の出産予定者の状況	(1)氏名 (2)出産予定日 (3)本人との続柄		
3　制限の期間	令和6 年 3 月12 日から 令和7 年 3 月11 日まで		
4　請求に係る状況	制限開始予定日の1か月前に請求をしている・〔いない〕→ 請求が遅れた理由〔急遽、保育所への送迎が必要となったため　　　　　　　〕		

所定外労働制限の期間が
書かれているかを確認

制限開始予定日の前日までに子ども
を養育する理由がなくなれば制度を
利用することはできません

労働時間を制限するために使用する時間外労働制限請求書の記入例

☑ 1年を超える請求は認められない
☑ 時間外労働と所定外労働の制限請求書は同時に受け取れない

● 時間外労働制限請求書を提出してもらう

時間外労働
法定労働時間を超える労働のこと。原則、月45時間、年360時間を残業時間の上限としている。

　「時間外労働制限請求書」とは、小学校入学前の子どもを養育する従業員が、1カ月24時間、1年で150時間を超えて時間外労働することを制限する請求をするための書式です。

　時間外労働制限請求書の対象となる子どもが出生している場合は、「請求に係る家族の状況」を、出生していない場合は、「育児の場合、1の子が生まれていない場合の出産予定者の状況」の欄に氏名などの詳細が記入されているかを確認します。この請求を受け取ったあとに、請求に係る子どもが出生した場合は、従業員に出生後2週間以内に「育児のための時間外労働制限対象児出生届」を提出してもらいましょう（145ページ参照）。

● 所定外労働制限請求書と同時に受け取れない

　「制限の期間」の欄は、1カ月以上1年以内の期間の請求になっているかを確認します。1年を超える請求は認められないため、もし従業員からそのような申出があれば、1年以内の期間で複数回提出するよう伝えます。

　「請求に係る状況」の欄では、制限開始予定日の1カ月前に請求しているかどうかを従業員に記入してもらいます。制限開始予定日の1カ月前を過ぎてから提出された場合、会社はこれを認めなくてもよいことになっています。

　また、時間外労働制限請求書と所定外労働制限請求書（158ページ参照）を同じ期間に受理することは、矛盾が生じるためできません。2つの様式を誤って両方受け取ってしまわないように気を付けましょう。

▶ 育児のための時間外労働制限請求書の記入例

社内様式9

〔育児〕・介護〕のための時間外労働制限請求書

代表取締役
佐藤　太郎 殿

[請求日] **令和6 年 3 月 2 日**
[請求者] 所属 **広報部**
　　　　氏名 **加藤　綾**

　私は、育児・介護休業等に関する規則（第17条）に基づき、下記のとおり〔育児〕介護〕のための時間外労働の制限を請求します。

記

		〔育児〕	〔介護〕
1　請求に係る家族の状況	(1) 氏名	加藤　由里	
	(2) 生年月日	令和5年1月30日	
	(3) 本人との続柄	長女	
	(4) 養子の場合、縁組成立の年月日		
	(5) (1)の子が、特別養子縁組の監護期間中の子・養子縁組里親に委託されている子・養育里親として委託された子の場合、その手続きが完了した年月日		
	(6) 介護を必要とする理由		
2　育児の場合、1の子が生まれていない場合の出産予定者の状況	(1) 氏名		
	(2) 出産予定日		
	(3) 本人との続柄		
3　制限の期間	**令和6 年 3 月 12 日**から　　**令和7 年 3 月 11 日**まで		
4　請求に係る状況	制限開始予定日の1か月前に請求をしている・いない）→ 請求が遅れた理由〔急遽、保育所への送迎が必要となったため　　　　　〕		

> 時間外労働制限の期間が書かれているか確認

> フレックスタイム制の場合は清算期間における法定労働時間の総枠を超えた時間について時間外労働として計算します

深夜業を制限するために使用する 深夜業制限請求書の記入例

☑ 請求回数に制限はない
☑ 家族の雇用契約書のコピーの提出を求めることができる

深夜業制限請求書の概要

「深夜業制限請求書」とは、小学校入学前の子どもを養育する従業員あるいは要介護状態にある家族を介護する従業員が、夜22時から翌日5時に労働することを制限するための書式です。

主に、所定労働時間が深夜以外の時間帯から深夜の時間帯にかかるなど、所定労働が深夜におよぶ従業員などが請求を行うことになります。

家族の雇用契約書のコピーなどの提出を求める

取得を希望する従業員に、深夜業制限請求書を制限開始予定日の1カ月前までに会社へ提出するよう周知します。深夜業制限請求書の「制限の期間」の欄には、1カ月以上6カ月以内の期間を記入してもらいましょう。

なお、この深夜業制限請求書の請求回数に制限はありません。もし、従業員から6カ月を超える申出があった場合は、6カ月以内の請求を複数回行うように周知してください。

また、深夜業制限請求書の申出にあたり、会社は証明書の提出を求めることができます。申出を行う従業員の家族の雇用契約書のコピーや住民票記載事項証明書などの提出を求めるとよいでしょう。

深夜業制限請求書の請求後に、請求に係る子どもが産まれたときは、出生後2週間以内に会社へ「育児のための深夜業制限対象児出生届」を提出してもらう必要があります（145ページ参照）。報告義務がある旨を併せて従業員に伝えましょう。

雇用契約書
会社と労働者の間で交わされる書類。労働契約の内容に合意したことを証明する書面。

住民票記載事項証明書
住民票の記載事項の中で、一部あるいは全部を抜粋した公的な証明書。

▶ 育児のための深夜業制限請求書の記入例 (深夜に働く鈴木さんの場合)

社内様式10

〔育児〕・介護〕のための深夜業制限請求書

代表取締役
佐藤　太郎 殿

〔請求日〕 **令和6** 年 **1** 月 **4** 日
〔請求者〕所属 **製造部**
　　　　　氏名 **鈴木　明子**

　私は、育児・介護休業等に関する規則（第18条）に基づき、下記のとおり〔育児〕介護〕のための深夜業の制限を請求します。

記

		〔育児〕	〔介護〕
1　請求に係る家族の状況	(1) 氏名	鈴木　愛	
	(2) 生年月日	令和5年2月4日	
	(3) 本人との続柄	長女	
	(4) 養子の場合、縁組成立の年月日		
	(5) (1)の子が、特別養子縁組の監護期間中の子・養子縁組里親に委託されている子・養育里親として委託された子の場合、その手続きが完了した年月日		
	(6) 介護を必要とする理由		
2　育児の場合、1の子が生まれていない場合の出産予定者の状況	(1) 氏名 (2) 出産予定日 (3) 本人との続柄		
3　制限の期間	**令和6** 年 **2** 月 **5** 日から **令和6** 年 **7** 月 **4** 日まで		
4　請求に係る状況	(1) 制限開始予定日の1か月前に請求をして〔いる〕いない → 請求が遅れた理由〔　　　　　　　　　　　　　　　〕 (2) 常態として1の子を保育できる又は1の家族を介護できる16歳以上の同居の親族が　　いる・〔いない〕		

深夜業制限の期間が書かれているか確認

制限の期間は1年ではなく1回につき6カ月であることに注意してください

短時間勤務申出時に使用する 育児短時間勤務申出書の記入例

☑ 育児短時間勤務開始予定日の1カ月前までに提出してもらう
☑ 育児短時間勤務取扱通知書で従業員へ通知する

育児短時間勤務申出書を提出してもらう

「育児短時間勤務申出書」は、3歳までの子どもを養育する従業員が育児のために短時間勤務をすることを申し出るための書式です。

育児短時間勤務申出書の対象となる子どもが出生している場合、「短時間勤務に係る子の状況」欄に、出生していない場合は、「1の子が生まれていない場合の出産予定者の状況」の欄に、氏名などの詳細が記入されているかを確認します。この請求を受け取ったあとに、請求に係る子どもが出生した場合は、従業員に出生後2週間以内に「育児短時間勤務対象児出生届」を提出してもらいましょう（145ページ参照）。

育児短時間勤務申出書を提出する期日は、法令による定めがないため、会社が設定を行う必要があります。規定例では、育児短時間勤務申出書の「短時間勤務の期間」や「申出に係る状況」の欄について、1カ月以上1年以内の期間で取得し、短時間勤務開始予定日の1カ月前までに申し出ることとしています。従業員からの申出が、会社の設定した期間で正しく記入されているかを確認してください。もし、規定された短時間勤務の就業時間ではなく、従業員が個々に労働する時間を申し出ることを認める場合は、就業時間を記入してもらいましょう。

育児短時間勤務取扱通知書で通知する

従業員から育児短時間勤務申出書を受け取ったら、会社は育児短時間勤務取扱通知書（166ページ参照）で受け取った旨を速やかに通知しなくてはなりません。短時間勤務の期間あるいは、勤務時間と給与の取扱などを明記し、従業員へ伝えます。

給与
会社から支給される労働の対価報酬。基本給だけでなく、残業やボーナスなども給与に含まれる。

▶ 育児短時間勤務申出書の記入例

社内様式 11

育児短時間勤務申出書

代表取締役
佐藤　太郎 殿

[申出日] **令和5 年 12 月 20 日**
[申出者] 所属 **経理部**
　　　　　氏名 **山田　結**

　私は、育児・介護休業等に関する規則（第19条）に基づき、下記のとおり育児短時間勤務の申出をします。

記

1　短時間勤務に係る子の状況	(1) 氏名	山田　陽菜
	(2) 生年月日	令和5年1月27日
	(3) 本人との続柄	長女
	(4) 養子の場合、縁組成立の年月日	
	(5) (1)の子が、特別養子縁組の監護期間中の子・養子縁組里親に委託されている子・養育里親として委託された子の場合、その手続きが完了した年月日	
2　1の子が生まれていない場合の出産予定者の状況	(1) 氏名 (2) 出産予定日 (3) 本人との続柄	
3　短時間勤務の期間	令和6 年 1 月29 日から　令和7 年 1 月 28 日	
	※　　時　　分から　　時　　分まで	
4　申出に係る状況	(1) 短時間勤務開始予定日の1か月前に申し出て	⟨いる⟩　いない → 申出が遅れた理由 〔　　　　　　　　　　　　　　　　〕
	(2) 1の子について短時間勤務の申出を撤回したことが	⟨ない⟩　ある 再度申出の理由 〔　　　　　　　　　　　　　　　　〕

（注）3-※欄は、労働者が個々に労働する時間を申し出ることを認める制度である場合には、必要となります。

当てはまるものを丸で囲む

短時間勤務の期間が書かれているか確認

実態に沿って明記

Chapter4 12

短時間勤務申出時に使用する 育児短時間勤務取扱通知書の記入例

☑ 短縮される時間について給与や賞与の取扱を決める
☑ 昇給、退職金の算出方法を検討する

給与の取扱を明記する

「育児短時間勤務取扱通知書」には、「短時間勤務期間の取扱い等」の欄が設けられています。育児短時間勤務によって短縮される時間についての給与の取扱を明記する必要があります（118ページ参照）。

厚生労働省の育児・介護休業等に関する規則の規定例では、「本制度の適用を受ける間の給与については、給与規程に基づく基本給からその25％を減額した額と諸手当の全額を支給する（所定労働時間8時間を2時間に短縮して6時間とする場合）」といった例が挙げられています。このように、労働しなかった分の基本給は控除し、諸手当は全額支給することなどが可能です。短時間勤務中の賃金を「基本賃金」の欄に、諸手当を支給している場合は「諸手当の額又は計算方法」へ明記しましょう。

基本給
交通費や残業手当などを除いた基本となる賃金のこと。一定期間に必ずもらえる額。

諸手当
基本給に上乗せされる金額。時間外手当や休日手当などの割増賃金と、住宅手当や通勤手当など会社で決められるものがある。

賞与や退職金の取扱を明記する

給与のほか、賞与や退職金についても取扱を明記します。厚生労働省の育児・介護休業等に関する規則の規定例では、「本制度の適用を理由に減額することはしない（※成果に基づく賞与の場合、時間比例で減額する必要はない場合も考えられる。）」などと紹介されています。通常勤務したものとして認める場合は、記入例の該当箇所を丸で囲むか、その旨を明記するとよいでしょう。

子どもが3歳になるまで利用できる育児短時間勤務は、短い期間を複数回申し出ることができるため、場合によってはほかの従業員よりもその年度の合計勤務時間が短くなるという事態が生じます（118ページ参照）。ほかの従業員と同じ算出方法でよいのかどうか、公平な査定といえるのかを検討しましょう。

社内様式 13

〔育児・介護〕短時間勤務取扱通知書

山田　結　殿

令和5 年 12 月 21 日
会社名　株式会社○○

　あなたから 令和5 年 12 月 20 日に 〔育児・介護〕短時間勤務の申出がありました。育児・介護休業等に関する規則（第 19 条及び第 20 条）に基づき、その取扱いを下記のとおり通知します（ただし、期間の変更の申出があった場合には下記の事項の若干の変更があり得ます。）。

記

1　短時間勤務の期間等	・適正な申出がされていましたので申出どおり 令和6 年 1 月 29 日から 令和7年 1 月 28 日まで短時間勤務をしてください。 ・申し出た期日が遅かったので短時間勤務を開始する日を　　　年　　　月　　　日にしてください。 ・あなたは以下の理由により対象者でないので短時間勤務をすることはできません。 ［　　　　　　　　　　　　　　　　　　　　　　　　　　　　　　　　　　　　　　　］ ・今回の措置により、介護短時間勤務ができる期限は、　　　年　　　月　　　日までで、残り（　　）回になります。
2　短時間勤務期間の取扱い等	(1) 短時間勤務中の勤務時間は次のとおりとなります。 　　　　始業（ 9 時 00 分）　　終業（ 15 時 00 分） 　　　　休憩時間（ 12 時 00 分～ 13 時 00 分（ 60 分）） (2)（産後 1 年以内の女性従業員の場合）上記の他、育児時間 1 日 2 回 30 分の請求ができます。 (3) 短時間勤務中は原則として所定時間外労働は行わせません。 (4) 短時間勤務中の賃金は次のとおりとなります。 　　1　基本賃金　　200000 円 　　2　諸手当の額又は計算方法　　交通費 20000 円 (5) 賞与及び退職金の算定に当たっては、短時間勤務期間中も通常勤務をしたものとみなして計算します。
3　その他	お子さんを養育しなくなる、家族を介護しなくなる等あなたの勤務に重大な変更をもたらす事由が発生したときは、なるべくその日に　　　人事　　課あて電話連絡をしてください。この場合の通常勤務の開始日については、事由発生後 2 週間以内の日を会社と話し合って決定していただきます。

短時間勤務中の
賃金や賞与などについても明記

厚生労働省が公開する「育児・介護休業法のあらまし」を併せて確認しましょう

Chapter4
13
休暇申出時に使用する
育児目的休暇取得申出書の記入例

☑ 申出方法や申出期限などの手続きは会社で設定できる
☑ 育児目的休暇取得申出書の提出を求める

育児目的休暇取得申出書の提出を求める

育児目的休暇
有給休暇とは別に育児を目的として会社が独自に定めた休暇制度。

　「育児目的休暇取得申出書」とは、小学校へ入学する前の子を養育する従業員が、配偶者の出産や子どもの入所式、遠足などの行事に参加するのに休暇を申請するための書式のことです。

　取得を希望する従業員には、事前に人事部へ申出を行うように促しましょう。

　なお、法令による申出方法や申出期限などの定めはありませんので、手続きの詳細は会社が設定します。もし、申出書以外の通知（電子メール、FAXなど）を認める場合は、その旨を育児目的休暇取得申出書に記載しておくとわかりやすいでしょう。

　また、取得日当日に、従業員から電話での申出を打診されることもあるでしょう。もし、電話での申出を認める場合は、電話での申出後、出社時に書面にて提出してもらうとよいです。その場合は、育児目的休暇取得申出書に「電話で申出をした場合は、出勤後速やかに育児目的休暇取得申出書を提出すること」と明記しておくとわかりやすいでしょう。

提出された育児目的休暇取得申出書の内容を確認する

　育児目的休暇取得申出書の「取得日」の欄を見て、会社が取得を認める期間が明記されているかどうかを確認してください。

　また、育児目的休暇取得申出書を提出してもらうにあたり、必要に応じて、本来の目的で取得されたかどうかを確認するために、従業員に証明書の提出を求めることができます。従業員には、入所式や卒所式といった行事に参加したことがわかる書類の提出を求めるとよいでしょう。

▶ 育児目的休暇取得申出書の記入例

社内様式14

育児目的休暇取得申出書

代表取締役

佐藤　太郎 殿

[申出日] **令和 8 年 10 月 4 日**
[申出者] 所属 **経理部**
　　　　　氏名 **山田　結**

　私は、育児・介護休業等に関する規則（第29条）に基づき、下記のとおり育児目的休暇取得の申出をします。

記

1．取得日

令和 8 年 10 月 10 日（木曜日）から令和 8 年 10 月 10 日（木曜日）まで 1 日間

（注1）当日、電話などで申し出た場合は、出勤後すみやかに提出してください。

電話での当日の申出について
明記しておく

※　こちらは参考様式です。
　　育児・介護休業法上、育児目的休暇について申出要件・手続きに定めはありません。

育児目的休暇の取得日が
明記されているか確認

終了予定日の繰り上げを検討する

**早期復帰を希望する
従業員は一定数いる**

　保育所の入所の希望が叶わず、育児休業期間を延長する従業員も少なくありません。例外的な措置として、子どもが1歳になる時点で保育所に入ることができない場合、子どもの年齢が1歳6カ月（再延長で2歳に達する日の前日まで）に達するまで育児休業期間を延長することを認めています。

　しかし、中には従業員自身のキャリアや保育所に入るタイミング、あるいは育児休業中の家計の落ち込みなどを考えて、子どもが1歳になる前に復帰することを希望する女性従業員もいます。

　4月以外の月で入所するのは難しいので、この機会を逃してしまうと、翌年の4月まで会社へ復帰することが困難になるためです。

**あらかじめ
規定しておく**

　このような事情で、早期復帰を希望する女性従業員から「育児休業の終了予定日を繰り上げたい」という申出を受けることがあります。しかし、育児休業終了日の繰り上げは、原則として、認められていません。対象の従業員が育児休業期間中に入るとき、代替要員を受け入れている場合、繰り上げの期間において、業務の調整が必要になるため、育児休業の開始日の繰り上げと育児休業の終了日の繰り下げのみが法令により規定されているのです。

　育児休業終了日の繰り上げをめぐっては、会社としてこれを認めるかどうかが論点となります。会社としても「従業員にできるだけ早く仕事に復帰してもらいたい」という意向がある場合は、それを制度化して育児休業規程に定めておきましょう。なお、育児休業の終了予定日の繰り下げについては、事由を問わず認められています。

　従業員がいつまでに申し出れば、終了日の繰り上げを認めるかを決めておくとよいです。申請期日や条件・手続きなどを規定することで、従業員とのトラブルを防ぐことができます。

第 **5** 章

産休・育休中の
社会保険の手続き

第5章では、従業員や従業員の配偶者の出産に伴う手
続きについて解説します。産前産後休業の開始から育
児休業終了まで、給付金や一時金の支給手続きだけで
なく、社会保険料の免除の手続きも行わなければなり
ません。漏れがないように把握しましょう。

Chapter5 01

出産や育児に関連する 主な社会保険の制度

☑ 給付金の手続きは基本的に会社が行う
☑ 保険料の免除の手続きは必ず会社が行う

休業中に支給される給付金

産前産後休業や育児休業を取得した場合は従業員から労務の提供が行われないときは、会社が給与を支払わないことが一般的です。その間の収入の補償として、従業員には「出産手当金」や「育児休業給付金」などの給付金が支給されます。しかし、健康保険や雇用保険に加入し、一定の要件（26、28ページ参照）を満たしていなければ給付対象にはなりません。

これらの給付金は産前産後休業や育児休業を取得すれば自動的に適用になるわけではなく、すべて手続きをしなければなりません。たとえば、予定より早く休業から復帰する際にも終了届を提出するなど、開始だけでなく終了のときも手続きが必要な場合があるので注意しましょう。これらの手続きで漏れが生じると、従業員が給付金を受け取れないなどの不利益を被る可能性があります。

また、正常分娩で出産する場合は健康保険が適用されず、出産費用は全額自己負担になります。そこで、原則として一児につき50万円の「出産育児一時金」が支給されるのですが、この給付金は本人が手続きをします（180ページ参照）。

正常分娩
帝王切開などの医学的措置を行わずに、自然の流れに沿って出産する形態のこと。

保険料も免除の対象になる

産前産後休業や育児休業中は社会保険に加入し続けることになりますが、申出を行うことで、健康保険料・介護保険料・厚生年金保険料は会社・従業員ともに免除されます。

なお、雇用保険料は給与の額に雇用保険料率を乗じて算出するため、給与が支給されないときには発生しません。

▶ 出産・育児に関する手続き一覧

時期	作成する書類	支給内容・ 手続き内容	公的保険の種類	届出先
産前	出産費貸付金 貸付申込書※	出産育児一時金の8割相当額を 限度に1万円単位で、無利子で 借りられる	健康保険	協会けんぽ・ 健康保険組合
産前・産後	産前産後休業 取得者申出書	産前産後休業期間に社会保険料 免除が受けられる	健康保険（介護保険含 む）・厚生年金保険	年金事務所・ 健康保険組合
産前・産後	産前産後休業取得者 変更（終了）届	出産予定日と実際の出産日にず れが生じた場合に提出する	健康保険（介護保険含 む）・厚生年金保険	年金事務所・ 健康保険組合
産後・育児	出産育児一時金 支給申請書※	一児につき50万円（または 48万8000円）が支給される	健康保険	協会けんぽ・ 健康保険組合
産後・育児	出産手当金 支給申請書	原則として（標準月額報酬÷ 30）×2／3が支給される	健康保険	協会けんぽ・ 健康保険組合
産後・育児	育児休業給付金 支給申請書	賃金日額の67％が支給される （開始から181日以降は50%）	雇用保険	ハローワーク
産後・育児	育児休業等 取得者申出書	子どもが1歳に達するまでの育 児休業期間中、社会保険料免除 が受けられる	健康保険（介護保険含 む）・厚生年金保険	年金事務所・ 健康保険組合
産後・育児	被扶養者異動届	生まれた子どもを扶養に入れる 申請	健康保険	年金事務所・ 健康保険組合
産後・育児	育児休業終了届	予定よりも早く復帰したときの 申請	健康保険（介護保険含 む）・厚生年金保険	年金事務所・ 健康保険組合
産後・育児	養育期間標準報酬 月額特例申出書	子どもが3歳未満の間、勤務時 間短縮等の措置を受けたことに よって標準月額報酬が低下した 場合でも、養育前の標準報酬月 額に基づく年金額を受け取るこ とができる	厚生年金保険	年金事務所

※休業を取得する従業員本人が提出する書類

MEMO

出産費用を前借できる出産費貸付制度

　会社が行う制度ではありませんが、出産に要する費用が必要な場合に利用できる無
利子の貸付制度があります。それが「出産費貸付制度」です。全国健康保険協会が
運用している制度で、出産育児一時金が支給されるまでの間、1万円単位で貸付を
受けられます。限度額は出産育児一時金支給見込額の8割相当額です。
　対象となるのは、全国健康保険協会管掌健康保険の被保険者または被扶養者で、出
産育児一時金の支給が見込まれる従業員のうち、次の①もしくは②に該当する従業
員です。
　①出産予定日まで1カ月以内の従業員
　②妊娠4カ月（85日）以上の従業員で、病院・産院等に一時的な支払いを要する人
　※同様の制度を実施している健康保険組合もあります。

▶ 社会保険手続きカレンダー（2歳まで育児休業を取得する場合の例）

産前休業

- 「産前産後休業取得者申出書」の提出
  提出先：年金事務所・健康保険組合
  期限：産前産後休業期間中

産後休業

- 「産前産後休業取得者変更（終了）届」の提出
  提出先：年金事務所・健康保険組合
  期限：産前産後休業期間中

子ども 0歳2カ月

- 「出産手当金支給申請書」の提出
  提出先：協会けんぽ（健康保険組合）
  期限：出産のため休んだ日ごとにその翌日から2年以内

- 「育児休業等取得者申出書」の提出
  提出先：年金事務所・健康保険組合
  期限：育児休業の期間中

- 「出産育児一時金支給申請書」の提出
  提出先：協会けんぽ（健康保険組合）
  期限：出産した日の翌日から2年以内
  ※事後申請を利用する場合のみ

子ども 0歳4カ月

- 「休業開始時賃金月額証明書」の提出
  提出先：ハローワーク
  期限：休業開始から4カ月経過月末日

- 「育児休業給付受給資格確認票・（初回）育児休業給付金支給申請書」の提出
  提出先：ハローワーク
  期限：休業開始から4カ月経過月末日
  ※母子手帳のコピー、振込先通帳のコピーを添付する

子ども 0歳6カ月

- 「育児休業給付金支給申請書」の提出（2回目）
  提出先：ハローワーク
  期限：次回支給申請日指定通知書に記載
  ※2カ月ごとに申請

子ども 0歳8カ月

- 「育児休業給付金支給申請書」の提出（3回目）
  提出先：ハローワーク
  期限：次回支給申請日指定通知書に記載
  ※2カ月ごとに申請

子ども 0歳10カ月

- 「育児休業給付金支給申請書」の提出（4回目）
  提出先：ハローワーク
  期限：次回支給申請日指定通知書に記載
  ※2カ月ごとに申請

子ども **1歳**	・「育児休業等取得者申出書」の提出（1歳以降分） 提出先：年金事務所・健康保険組合 期限：育児休業の期間中 ※1歳から1歳6カ月に達するまで育児休業を延長する場合 ・「育児休業給付金支給申請書」の提出（5回目） 提出先：ハローワーク 期限：次回支給申請日指定通知書に記載 ※2カ月ごとに申請 ┌─────────────────────────────────┐ 子どもが1歳2カ月、1歳4カ月を迎えたときも同様に「育児休業給付金 支給申請書」を提出する └─────────────────────────────────┘
子ども **1歳6カ月**	・「育児休業等取得者申出書」の提出（1歳半以降分） 提出先：年金事務所・健康保険組合 期限：育児休業の期間中 ※1歳6カ月から2歳に達するまで育児休業を延長する場合 ・「育児休業給付金支給申請書」の提出（8回目） 提出先：ハローワーク 期限：次回支給申請日指定通知書に記載 ※2カ月ごとに申請 ┌─────────────────────────────────┐ 子どもが1歳8カ月、1歳10カ月を迎えたときも同様に「育児休業給付金 支給申請書」を提出する └─────────────────────────────────┘
子ども **2歳**	・「育児休業給付金支給申請書」の提出（11回目） 提出先：ハローワーク 期限：次回支給申請日指定通知書に記載 ※2カ月ごとに申請
復職後	・「養育期間標準報酬月額特例申出書」の提出 提出先：年金事務所 期限：被保険者から申出を受けたとき ・「育児休業等終了時報酬月額変更届」の提出 提出先：年金事務所 期限：すみやかに

Chapter5 02
産前産後休業中の 社会保険料免除の手続き

☑ 産前休業中に年金事務所・健康保険組合へ提出する
☑ 出産予定日と実際の出産日が異なる場合は再度手続きする

社会保険の被保険者は免除の対象に

産前産後休業期間（産前42日間および産後56日間）は、厚生年金、健康保険、介護保険の保険料負担が、従業員・会社ともに免除になります。

免除の対象となるのは、社会保険の被保険者です。会社役員でも被保険者であれば対象となります。免除の期間は、産前産後休業開始月から終了日の翌日の属する月の前月までです。なお、育児休業と第2子の産前休業が重複する期間は産前産後休業の免除が優先的に適用されます。

また、産前産後休業の一部に年次有給休暇をあてる場合でも免除の対象となります。産前産後休業を取得している間も給与を支給する会社がありますが、労務の提供がなければ保険料は免除されます。

手続きは産前休業中に行う

産前産後休業取得者申出書
産前産後休業を取得した従業員が休業期間中の社会保険料を免除されるために必要となる書類。

産前産後休業取得者変更（終了）届
産前産後休業期間の変更や、産前産後休業終了予定日の前日までに産前産後休業を終了したときに提出する書類。

申出は産前休業中に行います。会社が「産前産後休業取得者申出書」を年金事務所・健康保険組合に提出しましょう。

産前休業期間中に申し出ることができなかった場合には、出産後、産後休業が終了するまでに産前産後休業取得者申出書を提出します。しかし、この場合は申出までの保険料は一時的に会社が立て替えることになります。立て替えた保険料はさかのぼって免除扱いとなり、あとから会社へ還付されます。

また、出産は予定通りに進むものでもありません。産前休業中に申出をし、申出書に記入した出産予定日と実際の出産日にずれが生じた場合は産後休業の終了日が変わるため、「産前産後休業取得者変更（終了）届」を提出する必要があります。

▶ 出産日によって異なる社会保険料免除の期間

例：2月4日が出産予定日の人が予定日通りに出産した場合

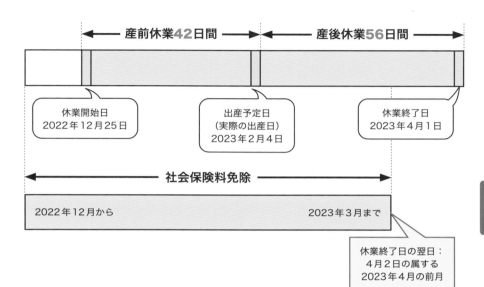

産前休業42日間 ────→ 産後休業56日間

休業開始日
2022年12月25日

出産予定日
（実際の出産日）
2023年2月4日

休業終了日
2023年4月1日

社会保険料免除

2022年12月から　　　　　　　　　　　　　2023年3月まで

休業終了日の翌日：
4月2日の属する
2023年4月の前月

例：2月4日が出産予定日の人が1月27日に出産した場合

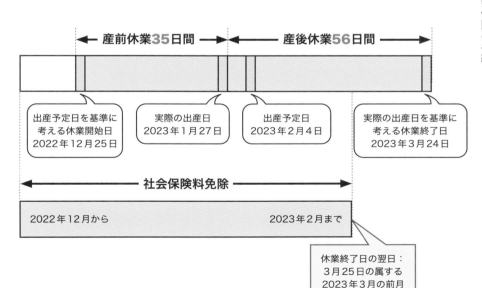

産前休業35日間 ────→ 産後休業56日間

出産予定日を基準に
考える休業開始日
2022年12月25日

実際の出産日
2023年1月27日

出産予定日
2023年2月4日

実際の出産日を基準に
考える休業終了日
2023年3月24日

社会保険料免除

2022年12月から　　　　　　　　　　　　　2023年2月まで

休業終了日の翌日：
3月25日の属する
2023年3月の前月

▶ 産前産後休業取得者申出書の記入例（出産前に提出する場合）

様式コード		
2 2 7 3		

健康保険
厚生年金保険

**産前産後休業取得者
申出書/変更（終了）届**

令和 4 年 12 月 25 日提出

提出者記入欄

事業所整理記号	〇〇 － イロハ

届書記入の個人番号に誤りがないことを確認しました。

事業所所在地　〒 000 - 0000
東京都新宿区〇〇1丁目
〇〇ビル

事業所名称　株式会社〇〇

事業主氏名　佐藤太郎

電話番号　03 （ 0000 ） 0000

受付印

社会保険労務士記載欄
氏　名　等

新規申出の場合は共通記載欄に必要項目を記入してください。
変更・終了の場合は、共通記載欄に産前産後休業取得時に提出いただいた内容を記入のうえ、A変更・B終了の必要項目を記入してください。

共通記載欄（取得申出）

① 被保険者整理番号	4	② 個人番号[基礎年金番号]	0 0 0 0 0 0 0 0 0 0 0 0 0

③ 被保険者氏名	(フリガナ) ヤマダ / ユイ (氏) 山田 (名) 結	④ 被保険者生年月日	5.昭和 / 7.平成 / 9.令和	0 2 0 4 1 2

⑤ 出産予定年月日	9.令和 0 5 0 2 0 4	⑥ 出産種別	0.単胎 1.多胎 ※出産予定の子の人数が2人（双子）以上の場合は「1.多胎」を〇で囲んでください。

⑦ 産前産後休業開始年月日	9.令和 0 4 1 2 2 5	⑧ 産前産後休業終了予定年月日	9.令和 0 5 0 4 0 1

⑨は、この申出書を出産後に提出する場合のみ記入してください。

⑨ 出産年月日	9.令和

⑩ 備考	

出産（予定）日・産前産後休業終了（予定）日を変更する場合　※必ず共通記載欄も記入してください。

A.変更

⑪ 変更後の出産（予定）年月日	9.令和	⑫ 変更後の出産種別	0.単胎 1.多胎 ※出産予定の子の人数が2人（双子）以上の場合は「1.多胎」を〇で囲んでください。

⑬ 産前産後休業開始年月日	9.令和	⑭ 産前産後休業終了予定年月日	9.令和

予定より早く産前産後休業を終了した場合　※必ず共通記載欄も記入してください。

B.終了

⑮ 産前産後休業終了年月日	9.令和

- ○ 産前産後休業期間とは、出産日以前42日（多胎妊娠の場合は98日）～出産日後56日の間に、妊娠または出産を理由として労務に従事しない期間のことです。

- ○ この申出書を出産予定日より前に提出された場合で、実際の出産日が予定日と異なった場合は、再度『産前産後休業取得者変更届』（当届書の「共通記載欄」と「A変更」欄に記入）を提出してください。休業期間の基準日である出産年月日がずれることで、開始・終了年月日が変更になります。

- ○ 産前産後休業取得申出時に記載した終了予定年月日より早く産休を終了した場合は、『産前産後休業終了届』（当届書の「共通記載欄」と「B.終了」に記入）を提出してください。

- ○ 保険料が免除となるのは、産前産後休業開始日の属する月分から、終了日翌日の属する月の前月分までとなります。

出産前に申出する
場合は記入不要

資格取得時に提出
された被保険者整
理番号

▶ 産前産後休業取得者変更届の記入例

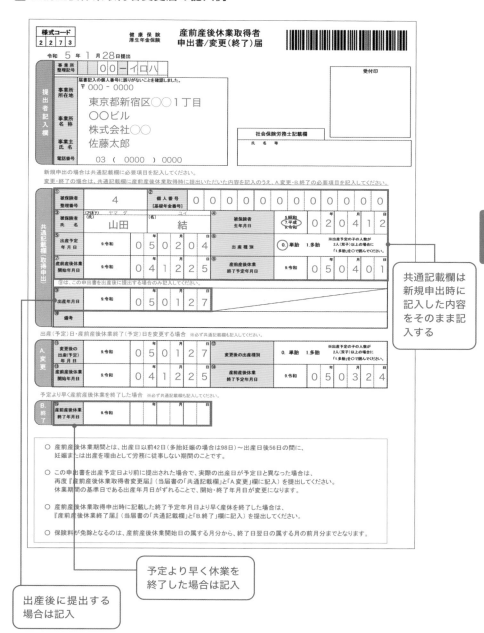

Chapter5 03

出産育児一時金の
給付申請手続き

☑ 申請をする従業員本人が行う手続き
☑ 差額請求も本人が行う

申請をすると50万円支給される

通常分娩は健康保険がきかないため、出産にかかる費用はすべて出産した人が負担しなければなりません。そのため、申請をすると出産時には子ども1人につき50万円（産科医療補償制度に加入していない医療機関などで出産した場合には48万8000円）の「出産育児一時金」が支給されます。この給付金の受給手続きは、受給を希望する従業員本人が行います。従業員が自ら手続きすることを把握していないケースが多々あるので、会社から従業員へ手続きの流れを説明できるとよいでしょう。

健康保険出産育児一時金支給申請書は本人が記入する欄と、医師等または市区町村長が記入する欄に分かれており、会社が記入する欄はありません。

申請の仕方は3種類

出産育児一時金の支給方法は3つあります。1つ目は直接支払制度です。これは被保険者と医療機関との間で契約を結び、出産した医療機関から協会けんぽあるいは健康保険組合に、費用を直接請求する方法です。一時金は医療機関に支払われるため被保険者が出産費用を立て替える必要がなく、申請も医療機関を通じて行うので手間がかかりません。なお、実際の出産費用が一時金の金額未満だった場合は、被保険者は差額を請求できます。

2つ目は「受取代理制度」です。被保険者が協会けんぽあるいは健康保険組合に事前に利用申請をし、一時金は出産する医療機関が受け取ります。3つ目は「事後申請」です。被保険者が出産代金を支払い、退院後に申請書や費用の明細書などの書類を揃えて、協会けんぽあるいは健康保険組合に提出します。

産科医療補償制度
公益財団法人日本医療機能評価機構が運営している民間の保険を活用した制度のこと。出産時に何らかの理由で重度脳性まひとなった赤ちゃんとその家族に対して補償金を支払い、原因分析・再発防止に取り組む。

▶ 直接支払制度の流れ

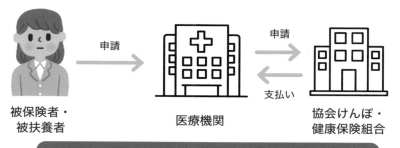

被保険者・
被扶養者 — 申請 → 医療機関 — 申請 → 協会けんぽ・健康保険組合
医療機関 ← 支払い — 協会けんぽ・健康保険組合

出産費用が50万円未満の場合差額を請求できる

※被保険者に支給決定通知書が届く前は「内払金支払依頼書」、
届いたあとは「差額申請書」で手続きする

▶ 受取代理制度の流れ

被保険者・
被扶養者 — 申請（出産予定日前2カ月以内に限る） → 協会けんぽ・健康保険組合 — 支払い → 医療機関

▶ 事後申請の流れ

医療機関 ← 支払い — 被保険者・被扶養者 — 出産後 申請 → 協会けんぽ・健康保険組合

▶ 出産育児一時金支給申請書の記入例

健康保険 被保険者／家族 出産育児一時金 支給申請書

1 | **2** ページ　被保険者記入用　①

加入者が出産し、医療機関等で出産育児一時金の直接支払制度を利用していない場合の出産費用の補助を受ける場合にご使用ください。
なお、記入方法および添付書類等については「記入の手引き」をご確認ください。

被保険者（申請者）情報

被保険者証	記号（左づめ）　0 0 0 0 0　番号（左づめ）　0 0 0 0 0	生年月日　1.昭和 2.平成 3.令和　2 　0 2 年 0 4 月 1 2 日
氏名（カタカナ）	ヤ マ タ゛　ユ イ（姓と名の間は1マス空けてご記入ください。濁点（゛）、半濁点（゜）は1字としてご記入ください。）	
氏名	山田　結	※申請者はお勤めされている（いた）被保険者です。被保険者がお亡くなりになっている場合は、相続人よりご申請ください。
郵便番号（ハイフン除く）	0 0 0 0 0 0 0	電話番号（左づめハイフン除く）　0 9 0 1 2 3 4 5 6 7 8
住所	東京 都道府県　新宿区○○2丁目○○	

振込先指定口座

振込先指定口座は、上記申請者氏名と同じ名義の口座をご指定ください。

金融機関名称	○○○　銀行 金庫 信組 農協 漁協　その他（　　　）	支店名	○○　本店 支店 代理店 出張所 本店営業部 本所 支所
預金種別	1　普通預金	口座番号（左づめ）	1 2 3 4 5 6 7

ゆうちょ銀行の口座へお振り込みを希望される場合、支店名は3桁の漢数字を、口座番号は振込専用の口座番号（7桁）をご記入ください。
ゆうちょ銀行口座番号（記号・番号）ではお振込できません。

「被保険者・医師・市区町村長記入用」は2ページ目に続きます。 ≫≫≫

被保険者証の記号番号が不明の場合は、被保険者のマイナンバーをご記入ください。
（記入した場合は、本人確認書類等の添付が必要となります。）▶

社会保険労務士の
提出代行者名記入欄

――― 以下は、協会使用欄のため、記入しないでください。 ―――

MN確認（被保険者）	1. 記入有（添付あり）2. 記入有（添付なし）3. 記入無（添付あり）	
添付書類	出産証明書　1. 添付 2. 不備	合意文書等　1. 添付 2. 不備
	戸籍（法定代理）　1. 添付	口座証明　1. 添付
産科医療補償制度	1. 該当 2. 非該当	

| 6 2 1 1 1 1 0 1 | その他　1. その他　（理由）　| 枚数 |

❷ 全国健康保険協会
協会けんぽ

受付日付印

(2022.12)

1 / 2

> 被保険者証の記号と番号が
> 不明なときに限り記入する

> 健康保険証の内容
> を記入する

健康保険 被保険者 家族 出産育児一時金 支給申請書

被保険者・医師・市区町村長記入用

被保険者氏名	山田　結

申請内容

①-1 出産者
1. 被保険者
2. 家族（被扶養者）

①-2 出産者の氏名（カタカナ）
ヤマタ゛　ユイ
姓と名の間は1マス空けてご記入ください。濁点（゛）、半濁点（゜）は1字としてご記入ください。

①-3 出産者の生年月日
1. 昭和
2. 平成
3. 令和
2｜02 年｜04 月｜12 日

② 出産年月日
令和｜05 年｜01 月｜27 日

③ 出産した国
1. 日本
2. 海外 ➡ 国名（　　　　　　　　　）
1

④-1 出生児数　1 人
④-2 死産児数　□ 人

⑤ 同一の出産について、健康保険組合や国民健康保険等から出産育児一時金を受給していますか。
1. 受給した
2. 受給していない
2

※医師・助産師、市区町村長のいずれかより証明を受けてください。

医師・助産師による証明

出産者の氏名（カタカナ）
ヤマタ゛　ユイ
姓と名の間は1マス空けてご記入ください。濁点（゛）、半濁点（゜）は1字としてご記入ください。

出産年月日
令和｜05 年｜01 月｜27 日

出生児数　1 人
死産児数　□ 人
死産の場合の妊娠日数　□□□ 日

上記のとおり相違ないことを証明します。
令和｜05｜01｜28 月 日

医療施設の所在地　東京都新宿区〇〇3丁目〇〇
医療施設の名称　〇〇病院
医師・助産師の氏名　田中　大介
電話番号　03（1234）5678

市区町村長による証明・生産の場合のみ

本籍　　　　　　　　筆頭者氏名

母の氏名（カタカナ）
姓と名の間は1マス空けてご記入ください。濁点（゛）、半濁点（゜）は1字としてご記入ください。

母の氏名

出生児数　□ 人
出生年月日　令和｜□□ 年｜□□ 月｜□□ 日

出生児氏名

上記のとおり相違ないことを証明します。
㊞　令和｜□□ 年｜□□ 月｜□□ 日
市区町村長名

6 2 1 2 1 1 0 1

全国健康保険協会
協会けんぽ

(2/2)

「1」を記入した場合は、出産育児一時金の支給は受けられない

出産手当金の給付申請手続き

☑ 協会けんぽまたは健康保険組合で手続きする
☑ 申請期限は産前休業開始日の翌日から2年以内

出産手当金は収入を補償する制度

26ページで紹介した通り、出産のため会社を休んだ期間に給与が支給されない場合は、その間の収入を補償する給付金が健康保険から支給されます。それが「出産手当金」です。

支給対象となる期間は、出産予定日の42日前から出産日の翌日から起算して56日目までの範囲で、会社を休んだ日数です。予定日よりも実際の出産日が早まった場合は対象期間は前倒しになりますが、出勤していて給与が支払われている場合は対象外となります。

申請は一括もしくは分割で行う

被保険者が出産手当金を受け取るためには、会社が協会けんぽまたは健康保険組合に「出産手当金支給申請書」を提出します。申請期限は産前休業開始の翌日から2年以内です。申請は、産前産後休業の終了後に一括で請求することも、産前分、産後分など複数回に分けて請求することも可能です。

また、申請書には医師または助産師の証明が必要となります。1回目の申請が産後で、証明により出産日が確認できたときには2回目以降の申請時には証明は不要となります。申請書3ページ目にある事業主の証明は毎回必要です。

なお、下記の2点をいずれも満たしている場合は退職した人でも出産手当金を申請できます。

①被保険者の資格を喪失した日の前日（退職日）までに継続して1年以上の被保険者期間があること

②資格喪失時に出産手当金を受けているか、または受ける条件を満たしていること

助産師
厚生労働大臣の免許を受けて、妊娠した女性の出産、育児までを一貫して寄り添い支える職業のこと。

▶ 出産日が予定日とずれたときの支給例

例：出産日が出産予定日より6日遅れた場合

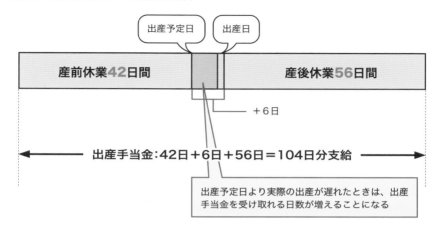

出産予定日　出産日

| 産前休業42日間 | 産後休業56日間 |

＋6日

出産手当金：42日＋6日＋56日＝104日分支給

出産予定日より実際の出産が遅れたときは、出産手当金を受け取れる日数が増えることになる

例：出産日が予定日より6日早くなった場合

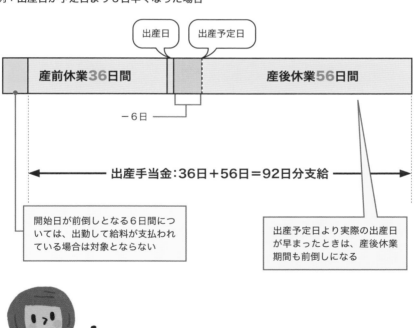

出産日　出産予定日

| 産前休業36日間 | 産後休業56日間 |

－6日

出産手当金：36日＋56日＝92日分支給

開始日が前倒しとなる6日間については、出勤して給料が支払われている場合は対象とならない

出産予定日より実際の出産日が早まったときは、産後休業期間も前倒しになる

申請は産後休業終了後に一括または産前、産後の2回に分けても行えます

▶ 出産手当金支給申請書の記入例

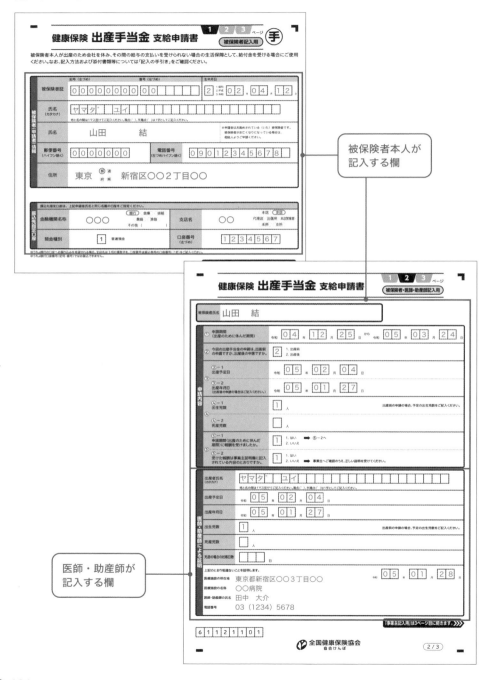

▶ 申請書の事業主記入欄

健康保険 出産手当金 支給申請書

1 2 **3** ページ

事業主記入用

労務に服さなかった期間を含む賃金計算期間の勤務状況および賃金支払い状況等をご記入ください。

| 被保険者氏名 (カタカナ) | ヤ | マ | タ゛ | | ユ | イ | | | | | | | | | |

姓と名の間は1マス空けてご記入ください。濁点（ ゛）、半濁点（ ゜）は1字としてご記入ください。

勤務状況 2ページの申請期間のうち、出勤した日付を〇で囲んでください。また、〇で囲んだ日に関わらず出勤した日の有無に関係なくご記入ください。

令和	0 4	年	1 2	月	① ② ③ ④ ⑤ ⑥ ⑦ ⑧ ⑨ ⑩ ⑪ ⑫ ⑬ ⑭ ⑮
					⑯ ⑰ ⑱ ⑲ ⑳ ㉑ ㉒ ㉓ ㉔ 25 26 27 28 29 30 31
令和	0 5	年	0 1	月	1 2 3 4 5 6 7 8 9 10 11 12 13 14 15
					16 17 18 19 20 21 22 23 24 25 26 27 28 29 30 31
令和	0 5	年	0 2	月	1 2 3 4 5 6 7 8 9 10 11 12 13 14 15
					16 17 18 19 20 21 22 23 24 25 26 27 28 29 30 31
令和	0 5	年	0 3	月	1 2 3 4 5 6 7 8 9 10 11 12 13 14 15
					16 17 18 19 20 21 22 23 24 25 26 27 28 29 30 31
令和		年		月	1 2 3 4 5 6 7 8 9 10 11 12 13 14 15
					16 17 18 19 20 21 22 23 24 25 26 27 28 29 30 31

> 申請期間のうち、出勤した日があれば〇で囲む

2ページの申請期間のうち、出勤していない日(上記【〇】で囲んだ日以外の日)に対して、報酬(※)を支給した日がある場合は、支給した日と金額をご記入ください。
※有給休暇の場合の賃金、出勤等の有無に関わらず支給している手当(扶養手当・住宅手当等)、食事・住居等現物支給しているもの等

事業主が証明するところ

	令和			年		月			から			年		月			日							円
例	0 5			0 2		0 1		から	0 5		0 2		2 8				3 0 0 0 0 0	円
①	令和 0 4	1 2	0 1	から	0 5	0 3	3 1		5 0 0 0 0	円
②	令和			から						円
③	令和			から						円
④	令和			から						円
⑤	令和			から						円
⑥	令和			から						円
⑦	令和			から						円
⑧	令和			から						円
⑨	令和			から						円
⑩	令和			から						円

上記のとおり相違ないことを証明します。

事業所所在地	東京都新宿区〇〇1丁目〇〇ビル
事業所名称	株式会社〇〇
事業主氏名	佐藤　太郎
電話番号	03（0000）0000

令和 | 0 5 | 年 | 0 5 | 月 | 1 0 | 日

6 1 1 3 1 1 0 1

全国健康保険協会
協会けんぽ

(3 / 3)

> 申請期間のうち、出勤していない日に対して報酬等が支払われた場合に記入
> 例
> 出勤の有無にかかわらず通勤手当50000円を支給している場合

Chapter5
05

帝王切開での出産時には
高額療養費を申請する

☑ 申請をする従業員本人が行う手続き
☑ 申請期限は診療月の翌月1日から2年以内

📍 帝王切開での分娩は高額療養費が支給される

通常分娩はケガや病気ではないため健康保険の療養の給付の対象になりません。

ですが、帝王切開での分娩は手術とみなされるため、療養の給付の対象となります。そして、帝王切開での出産は費用が高額になるため、一定の自己負担限度額（1カ月単位で設定されており、従業員の所得区分によってその額が決まる）を超えた分は、健康保険から「高額療養費」として給付が受けられます。

給付を受けるためには、被保険者本人が「高額療養費支給申請書」を協会けんぽまたは健康保険組合に提出します。提出期限は、診療月の翌月1日から2年以内です。

📍 事前申請もできる

帝王切開での出産が事前に決まっているなど、出産費用が高額になることが見込まれると従業員から申出があったときには、事前に「限度額適用認定証」の発行を協会けんぽ等に申請しておくとスムーズです。認定証を医療機関などに提示すると、被保険者の窓口での支払いが自己負担限度額までとなります。

また、マイナンバーカードを利用できる医療機関では、被保険者がマイナンバーカードを提示し、情報提供に同意することで限度額適用認定証を提示しなくても、自己負担限度額までの支払いになります。

なお、高額療養費が支給されたときでも、出産育児一時金は減額されません。

限度額適用認定証
医療機関の窓口に提示することで、医療機関ごとに1カ月の支払額が自己負担限度額までとなる書類のこと。「限度額適用認定申請書」を協会けんぽ等に提出する。

▶ 高額療養費支給申請書の記入例

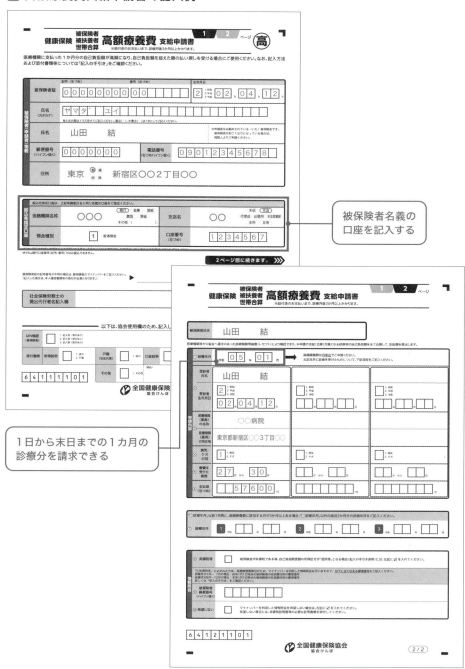

被保険者名義の
口座を記入する

1日から末日までの1カ月の
診療分を請求できる

第5章

産休・育休中の社会保険の手続き

189

Chapter5
06

従業員が育児休業を取得したら行う

育児休業中の
社会保険料免除の手続き

☑ 年金事務所・健康保険組合で手続きする
☑ 従業員が休業を取得したら申請する

📍 子どもが3歳になるまで免除される

年金事務所
全国300カ所以上に設置されている、社会保険の適用や徴収、年金給付に関する相談や給付手続きなどを行う組織。

育児休業中は社会保険に加入し続けることになりますが、会社が**年金事務所または健康保険組合に申し出ることで会社負担分・従業員負担分ともに健康保険料・介護保険料・厚生年金料の徴収が免除されます**。申請は、「育児休業等取得者申出書（新規・延長）」を提出して行います。従業員が育児休業を取得したタイミングで申請しましょう。

免除される期間は最長で子どもが3歳になるまでで、育児休業開始月から終了予定日の翌日が属する月の前月（育児休業終了月が月末の場合は育児休業終了月）までです。免除の申出は下記の3つの期間ごとに行います。

3つの期間
基本的に養育のための社会保険料の免除は3つの期間ごとに分けて行う。しかし、子どもが3歳になるまで育児休業を取得できる会社の場合、子どもが1歳〜3歳になるまで、子どもが1歳6カ月〜3歳になるまで、子どもが2歳〜3歳になるまでの3つの期間に分けて免除の申出を行うこともある。

　①子どもが1歳になるまで
　②子どもが1歳〜1歳6カ月になるまで
　③子どもが1歳6カ月〜2歳になるまで

📍 月14日以上休業したら免除の対象に

2022年10月からは、月末日に休業していることに加え、育児休業開始日と終了日が同月でも同月中に合算して14日以上育児休業を取得する場合は免除の対象になりました。また、2022年10月1日から始まった出生時育児休業（産後パパ育休）も社会保険料免除の対象になります。なお、労使協定を締結し、従業員と会社の間で同意を得られれば出生時育児休業中に就業できますが、就業日は「14日以上」の日数には含まれません。

一方、賞与に対する保険料は、1カ月を超える育児休業を取得した場合のみ免除の対象となりました。

▶ 育児休業等取得者申出書（新規）の記入例

様式コード	健康保険 厚生年金保険	育児休業等取得者 申出書(新規)延長)/終了届
2 2 6 3		

令和 5 年 3 月 30 日提出

提出者記入欄

事業所整理記号	００ー イロハ	届書記入の個人番号に誤りがないことを確認しました。

事業所所在地	〒 000 - 0000 東京都新宿区○○1丁目 ○○ビル
事業所名称	株式会社○○
事業主氏名	佐藤太郎
電話番号	03 (0000) 0000

受付印

社会保険労務士記載欄

氏名等

新規申出の場合は共通記載欄に必要項目を記入してください。

延長・終了の場合は、共通記載欄に育児休業取得時に提出いただいた内容を記入のうえ、A 延長 B 終了の必要項目を記入してください。

≪「⑭育児休業等取得年月日」と「⑮育児休業等終了（予定）年月日の翌日」が同月内の場合≫

・共通記載欄の⑯育児休業等取得日数欄と⑰就業予定日数欄を必ず記入してください。
・同月内に複数回の育児休業を取得した場合は、⑭育児休業等取得年月日欄に、初回の育児休業等取得年月日を、
　⑮育児休業等終了予定年月日欄に最終回の育児休業等終了予定年月日を記入のうえ、C.育休等取得内訳を記入してください。

共通記載欄（新規申出）

①被保険者整理番号	4	個人番号[基礎年金番号]	０ ０ ０ ０ ０ ０ ０ ０ ０ ０ ０ ０

②被保険者氏名	(フリガナ) ヤマダ (氏) 山田	(名) ユイ 結	④被保険者生年月日	5.昭和 7.平成 9.令和 ０ ２ ０ ４ １ ２	⑤被保険者性別 1.男 2.女

⑥養育する子の氏名	(フリガナ) ヤマダ (氏) 山田	(名) ヒナ 陽菜	⑦養育する子の生年月日 9.令和 ０ ５ ０ １ ２ ７

⑧区分	1.実子 2.その他 ※「2.その他」の場合は、⑬養育開始年月日（実子以外）も記入してください。	養育開始年月日（実子以外） 9.令和

育児休業等開始年月日 9.令和 ０ ５ ０ ３ ２ ５	育児休業等終了（予定）年月日 9.令和 ０ ６ ０ １ ２ ６

⑯育児休業等取得日数	⑰就業予定日数	パパママ育休プラス該当区分 □ 該当	備考

A.延長 終了予定日を延長する場合 ※必ず共通記載欄も記入してください。

育児休業等終了（予定）年月日（変更後） 9.令和	※延長後の⑲育児休業等終了（予定）年月日の翌日が⑱育児休業開始年月日と同月内の場合は、必変更後の育児休業等取得日数欄も記入してください。	変更後の育児休業等取得日数

B.終了 予定より早く育児休業を終了した場合 ※必ず共通記載欄も記入してください。

育児休業等終了年月日 9.令和	※⑲育児休業等終了年月日の翌日が⑱育児休業等開始年月日と同月内の場合は、⑳変更後の育児休業等取得日数欄も記入してください。	変更後の育児休業等取得日数

C.育休等取得内訳 「育児休業等開始年月日」と「育児休業等終了（予定）年月日の翌日」が同月内、かつ複数回育児休業等を取得する場合 ※必ず共通記載欄も記入してください。

	育児休業等開始年月日		育児休業等終了（予定）年月日		育児休業等取得日数	就業予定日数
1	育児休業等開始年月日	9.令和	育児休業等終了（予定）年月日	9.令和	育児休業等取得日数	就業予定日数
2	育児休業等開始年月日	9.令和	育児休業等終了（予定）年月日	9.令和	育児休業等取得日数	就業予定日数
3	育児休業等開始年月日	9.令和	育児休業等終了（予定）年月日	9.令和	育児休業等取得日数	就業予定日数
4	育児休業等開始年月日	9.令和	育児休業等終了（予定）年月日	9.令和	育児休業等取得日数	就業予定日数

育児休業等開始日が、育児休業等終了（予定）日の翌日と同月になることがある。その場合、同月内の日数をそれぞれ記入する

出生時育児休業給付金・育児休業給付金の初回の申請

☑ ハローワークで手続きする
☑ 2歳まで給付金を受けるには要件がある

子どもが2歳になるまで給付される

　育児休業中に給与が支給されないときは、一定の要件（28ページ参照）を満たすと雇用保険から「育児休業給付金」が支給されます。休業中は給与の支給額が減額されることや、そもそも支給されないこともあります。

　育児休業を延長した期間にも支給されますが、原則として育児・介護休業法に基づく育児休業に対して支給されるため、支給期間は最大で子どもが2歳になるまでです。しかし、子どもが3歳になるまでの育児休業を会社が認めている場合で、当初から3歳になるまでの育児休業を予定していたときには、子どもが1歳を迎えた以降の期間は給付金が支給されません。2歳まで給付金が支給されるのは、保育所へ入所の申し込みをしているにもかかわらず子どもが保育所に入れずにやむなく育児休業を延長・再延長した場合など特別な事情があるときに限られます。

　給付金の1日あたりの額は、原則として賃金日額の67％、支給日数が180日を経過したあとは賃金日額の50％となります。

賃金日額
育児休業を取得する前の6カ月間の給与の合計を180で割った額のこと。

ハローワークで申請する

　給付金の申請は2ステップに分けて行います。

　まずは、育児休業を取得する従業員に給付金を受給する資格があるかを確認し、賃金日額を算出するための給与額をハローワークで登録します。このとき、「育児休業給付受給資格確認票・（初回）育児休業給付金支給申請書」「雇用保険被保険者 休業開始時賃金月額証明書」を持参しましょう。

　登録後は、原則として2カ月に1回、会社が支給申請を行います。

▶ 育児休業給付受給資格確認票・（初回）育児休業給付金支給申請書の記入例

■　第101条の30関係（第1面）　　　　　　　　　　　　　　　　　■

育児休業給付受給資格確認票・（初回）育児休業給付金支給申請書
（必ず第2面の注意書きをよく読んでから記入してください。）

帳票種別　`14405`
1. 被保険者番号　`0000-0000000-0`
2. 資格取得年月日　`4-290715`　元号　年　月　日

3. 被保険者氏名　`山田　結`　　フリガナ（カタカナ）　`ヤマダ　ユイ`

4. 事業所番号　`1111-111111-1`
5. 育児休業開始年月日　`5-050325`　元号　年　月　日
6. 出産年月日　（3 昭和　4 平成　5 令和）　`5-050127`　元号　年　月　日

8. 過去に同一の子について出生時育児休業または育児休業取得の有無　[　]
9. 個人番号　`00000000000000`
7. 出産予定日　`5-050204`　元号　年　月　日

10. 被保険者の住所（郵便番号）　`000-0000`
12. 被保険者の電話番号（項目ごとにそれぞれ左詰めで記入してください。）
市外局番 `090`　市内局番 `1234`　番号 `5678`

11. 被保険者の住所（漢字）※市・区・郡及び町村名　`東京都新宿区○○`
被保険者の住所（漢字）※丁目・番地　`2丁目○○`
被保険者の住所（漢字）※アパート、マンション名等

13. 支給単位期間その1　（初日）`5-050325`（末日）`　`（4 平成　5 令和）
14. 就業日数 `0`
15. 就業時間 `0`
16. 支払われた賃金額

17. 支給単位期間その2　（初日）`5-050425`（末日）`　`（4 平成　5 令和）
18. 就業日数 `0`
19. 就業時間 `0`
20. 支払われた賃金額

21. 最終支給単位期間　（初日）`　`（末日）`　`（4 平成　5 令和）
22. 就業日数
23. 就業時間
24. 支払われた賃金額

25. 職場復帰年月日
26. 支給対象となる期間の延長事由－期間　事由　元号

27. 配偶者育休取得
28. 配偶者の被保険者番号
29. 育児休業再取得理由（1 他の家族の育児休業　2 産前産後休業　3 子や配偶者の事情　4 延長交替）
31. 休業事由の消滅年月日

※公共職業安定所記載欄
30. 期間雇用者の継続雇用の見込み　否認（該当しない場合に「1」を記入）
33. 産後休業表示
34. 賃金月額（区分－日額又は総額）（1 日額　2 総額）
35. 当初の育児休業開始年月日

36. 受給資格確認年月日　（4 平成　5 令和）元号
37. 受給資格否認（受給資格なしと判断した場合に「1」を記入）
38. 支給申請月（1 奇数月　2 偶数月）
39. 次回支給申請年月日　元号

40. 支払区分
41. 金融機関・店舗コード
口座番号
42. 未支給区分（空欄 未支給以外　1 未支給）

上記被保険者が育児休業を取得し、上記の記載事実に誤りがないことを証明します。
事業所名（所在地・電話番号）　東京都新宿区○○1丁目○○ビル　03（0000）0000
株式会社○○　　佐藤　太郎

---

43. 払渡希望金融機関指定届
フリガナ `ギンコウ トウキョウ`
名称　`○○銀行 東京`　銀行等（ゆうちょ銀行以外）
金融機関コード　店舗コード
本店（支店）
口座番号（普通）`1234567`
ゆうちょ銀行　記号番号（総合）　`－`

備考　賃金締切日　末日　賃金支払日 当月（翌月）25日　通勤手当（有）（毎月・3か月・6か月・　）

※処理欄　資格確認の可否　可・否　令和　年　月　日　資格確認年月日　通知年月日　令和　年　月　日

社会保険労務士記載欄　作成年月日・提出代行者・事務代理者の表示　氏名　電話番号
※　所長　次長　課長　保長　係　操作者

2022. 9

この欄は申請者本人が記入

▶ 雇用保険被保険者 休業開始時賃金月額証明書の記入例

休業を開始した日を記入

「育児」を囲む

雇用保険被保険者　**休業開始時賃金月額証明書**（事業主控）　（介護・**育児**）
　　　　　　　　　　　　　所定労働時間短縮開始時賃金証明書

① 被保険者番号	0000-000000-0	③ フリガナ	ヤマダ　ユイ	④ 休業等を開始した日の年月日	令和 5	3	25
② 事業所番号	0000-000000-0	休業等を開始した者の氏名	山田　結				

⑤ 名称	株式会社○○	⑥ 休業等を開始した者の住所又は居所	〒000-0000 東京都新宿区○○2丁目○○
事業所所在地	東京都新宿区○○1丁目○○ビル		電話番号（ 090 ） 1234 － 5678
電話番号	03（0000）0000		

事業主　住所　東京都新宿区○○1丁目○○ビル
　　　　氏名　株式会社○○　佐藤太郎

休業等を開始した日前の賃金支払状況等

⑦休業等を開始した日の前日に離職したとみなした場合の被保険者期間算定対象期間	⑧ ⑦の期間における賃金支払基礎日数	⑨ 賃金支払対象期間	⑩ ⑨の基礎日数	⑪ 賃金額 Ⓐ	Ⓑ	計	⑫ 備考
休業等を開始した日 3月25日							
2月25日～ 休業等を開始した日の前日	0日	3月1日～ 休業等を開始した日の前日	0日	0			自令2.12.25
11月25日～12月24日	30日	12月1日～12月31日	16日	240,000			至令3.3.24
10月25日～11月24日	31日	11月1日～11月30日	30日	300,000			産前産後
9月25日～10月24日	30日	10月1日～10月31日	31日	300,000			休業のため
8月25日～ 9月24日	31日	9月1日～ 9月30日	31日	300,000			賃金支払いなし
7月25日～ 8月24日	31日	8月1日～ 8月31日	31日	300,000			
6月25日～ 7月24日	30日	7月1日～ 7月31日	31日	300,000			
5月25日～ 6月24日	31日	月 日～ 月 日					
4月25日～ 5月24日	30日	月 日～ 月 日					
3月25日～ 4月24日	31日	月 日～ 月 日					
2月25日～ 3月24日	28日	月 日～ 月 日					
1月25日～ 2月24日	31日	月 日～ 月 日					
12月25日～ 1月24日	31日	月 日～ 月 日					
11月25日～12月24日	30日	月 日～ 月 日					
月 日～ 月 日		月 日～ 月 日					
月 日～ 月 日		月 日～ 月 日					

⑬賃金に関する特記事項		休業開始時賃金月額証明書・所定労働時間短縮開始時賃金証明書　受理 令和　年　月　日 （受理番号　　　号）

⑭（休業開始時における）雇用期間	イ 定めなし　　ロ 定めあり → 令和　年　月　日まで（休業開始日を含めて　年　カ月）

注意
1　事業主は、公共職業安定所からこの休業開始時賃金月額証明書又は所定労働時間短縮開始時賃金証明書（事業主控）（以下「休業開始時賃金月額証明書等」という。）の返付を受けたときは、これを4年間保管し、関係職員の要求があったときは提示すること。
2　休業開始時賃金月額証明書等の記載方法については、別紙「雇用保険被保険者休業開始時賃金月額証明書についての注意」を参照すること。
3　「休業等を開始した日」とあるのは、当該被保険者が介護休業又は育児休業を開始した日及び当該被保険者が要介護状態にある対象家族を介護するため若しくは小学校就学の始期に達するまでの子を養育するための休業又は当該被保険者がその子を養育するため要介護状態にある対象家族を介護すること若しくは就業しつつその子を養育することを容易にするための所定労働時間短縮措置の適用を開始した日のことである。
　なお、被保険者が労働基準法の規定による産前・産後休業に引き続いて、育児休業又は小学校就学の始期に達するまでの子を養育するための休業を取得する場合は出産日から起算して58日に当たる日が、又は当該被保険者が就業しつつその子を養育することを容易にするための所定労働時間短縮措置を適用する場合は当該適用日が、「休業を開始した日」となる。

社会保険労務士記載欄	作成年月日・提出代行者・事務代理者の表示	氏名	電話番号

(49) 2021.10

3カ月以内の期間ごとに支払われる特別な賃金がある場合は、支給日と金額を記入する

休業開始時点での休業を行う者についての雇用期間の定めの有無を記入する

194

▶ 休業等を開始した日前の賃金支払状況等の記入例

休業開始した日からさかのぼって賃金支払い基礎日数が11日以上または、賃金支払い基礎労働時間数が80時間以上ある月を2年間記入する。直近より12カ月以上記入があれば以下省略可

⑦欄の期間における賃金支払いの基礎となった日数を記入する

最上段には休業を開始した日の直前の賃金締切日の翌日を記入する

月給者はA欄に、日給者はB欄に記入する。家族手当等賃金の一部に月給や週休の手当がある場合は、A欄に記入し、合計額も記入する

2行目以降は、順次さかのぼって賃金締切日の翌日から賃金締切日までの期間を2年間記入する。賃金支払基礎日数が11日以上の月が6カ月以上あれば以下省略可。10日以下の場合はその時間数を⑫欄に記入する

⑨欄の期間における賃金支払の基礎となった日数を記入する（有給休暇や休業手当の対象となった日を含む）

参考になることを記入する

育児休業給付金の
2カ月ごとの支給申請を行う

☑ 支給申請のタイミングは個人によって異なる
☑ 1歳以降の手続き時には別途書類が必要

📍 2カ月に一度ハローワークで手続き

　育児休業給付金の初回の支給申請を終えたら、その後は原則として2カ月ごとに申請を行います。

　申請には、初回の支給申請手続き後にハローワークから交付される「育児休業給付金支給申請書」と、支給単位期間中の賃金額と就労日数が確認できる書類（賃金台帳と出勤簿など）が必要です。

　なお、支給申請の提出日はおのおの異なり、会社や受給者本人に交付される「次回支給申請日指定通知書」などに記載されているので、確認しましょう。

出勤簿
労働者名簿や賃金台帳と並び、法定三帳簿の1つとされる。従業員の労働時間を正しく把握するために使われる帳簿のこと。

📍 延長時には理由を証明する書類が必要

　育児休業給付金は最大で子どもが2歳になるまで受給できますが、満1歳以降に給付金を申請するときには延長する理由を証明できる「保育所入所保留通知書（30ページ参照）」などの書類を添付する必要があります。

　申請は、①延長する期間の直前の支給対象期間の申請時（1歳の誕生日以降の申請に限る）、もしくは②1歳の誕生日の前日を含む延長後の支給対象期間の申請時のいずれかのタイミングで行ってください。

　なお、育児休業取得申請当初から1年を超える期間の取得を希望して休業を取得した場合は、満1歳以降、給付金は支給されません。

▶ 育児休業給付金支給申請書の記入例

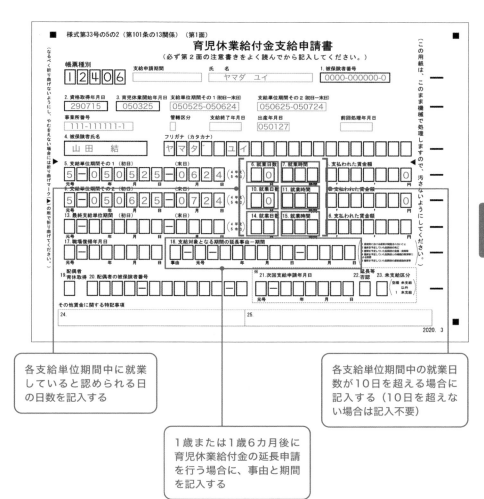

各支給単位期間中に就業していると認められる日の日数を記入する

各支給単位期間中の就業日数が10日を超える場合に記入する（10日を超えない場合は記入不要）

1歳または1歳6カ月後に育児休業給付金の延長申請を行う場合に、事由と期間を記入する

ハローワークで手続きをする際、就業時間の証明のためにタイムカードなど就業した状況がわかる書類の添付を求められる場合があります

Chapter5
09

育児休業復帰後の
標準報酬月額の改定手続き

☑ 年金事務所・健康保険組合で手続きをする
☑ 従業員から申出があれば行う

◆ 給与の減額に合わせて保険料を調整

育児休業を終了し職場復帰をすると、育児短時間勤務制度を利用したり残業ができなくなったりして、休業前と比較して給与の額が少なくなることがあるでしょう。そのようなときにこの手続きをすると、社会保険料の**標準報酬月額**を変更することができます。

通常、標準報酬月額は定時決定（算定基礎届）または随時改定（月額変更届）で変更します。しかし、育児休業から復帰後に手続きをすると、それを待たずに休業終了日の翌日が属する月以降3カ月間（報酬支払基礎日数が17日未満の月を除く）に受けた報酬の平均額に基づき4カ月目から改定できます（平均額によっては改定できません）。それによって社会保険料を軽減できることになります。

これは、従業員からの申出があれば行う手続きなので、従業員からの希望がなければ行うことはできません。このような制度があることを従業員に伝え、希望を聞くようにしましょう。従業員から申出を受けたら、会社は「育児休業等終了時報酬月額変更届」を年金事務所・健康保険組合に提出します。

なお、育児休業を取得せずに産前産後休業取得後に仕事へ復帰するときも同様の制度があります。

また、3歳未満の子どもを養育していることで給与が少なくなり、それに伴い、厚生年金保険の標準報酬月額が低下したときには、そのままでは将来受け取る年金額も下がってしまいます。そうならないように、年金を計算するときに子どもを養育する前の標準報酬月額をもとに計算するよう、従業員が申し出ることができます。この制度を「厚生年金の養育期間の従前標準報酬月額のみなし措置」といいます。申出は、会社が年金事務所に「養育期間標準報酬月額特例申出書・終了届」を提出して行います。

標準報酬月額
報酬月額を保険料額表の1等級から32等級（健康保険は50等級）に分けたときに、その等級に該当する金額のこと。

▶ 育児休業等終了時報酬月額変更届の記入例

チェックの付け忘れに注意！

様式コード	健康保険 厚生年金保険	**育児休業等終了時報酬月額変更届**
2 2 2	厚生年金保険	70歳以上被用者育児休業等終了時報酬月額相当額変更届

令和 6 年 5 月10日提出

提出者記入欄

事業所整理記号　０ ０ ー イ ロ ハ

届書記入の個人番号に誤りがないことを確認しました。

事業所所在地　〒000 - 0000
東京都新宿区○○1丁目
○○ビル

事業所名称　株式会社○○

事業主氏名　佐藤　太郎

電話番号　03（0000）0000

受付印

社会保険労務士記載欄　氏名等

申出者欄

☑ 育児休業等を終了した際の標準報酬月額の改定について申出します。
（健康保険法施行規則第38条の2及び厚生年金保険法施行規則第10条）
※必ず☐に✔を付してください。

令和 6 年 5 月10日

日本年金機構理事長あて

住所　東京都新宿区○○2丁目○○

氏名　山田　結　　　　電話　090（1234）5678

被保険者欄

① 被保険者整理番号	4	② 個人番号[基礎年金番号]	0 0 0 0 0 0 0 0 0 0 0 0			
③ 被保険者氏名	(フリガナ) ヤマダ ユイ 山田　結	④ 被保険者生年月日	5.昭和 7.平成 9.昭和	02 0412		
⑤ 子の氏名	(フリガナ) ヤマダ ヒナ 山田　陽菜	⑥ 子の生年月日	7.平成 9.令和	05 0127	⑦ 育児休業等終了年月日 9.令和	06 0126

⑧ 給与支給月及び報酬月額	支給月	給与計算の基礎日数	⑨ 通貨	⑩ 現物	⑪ 合計		
	1月	0日	0円	0円	0円	総計	2 5 2 1 0 0 円
	2月	3日	41250円	0円	275000円	平均額	2 5 2 1 0 0 円
	3月	29日	252100円	0円	252100円	修正平均額	円

⑫ 従前標準報酬月額	300千円	300千円	⑬ 昇給降給	1.昇給　2.降給	⑭ 遡及支払額	遡及支払月	月　円	⑮ 改定年月	6年 4月

⑯ 給与締切日・支払日	月末	支払日 10日	⑰ 備考	該当する項目を○で囲んでください。 1. 70歳以上被用者　2. 二以上勤務被保険者　3. 短時間労働者(特定適用事業所等)　4. パート　5. その他( )

⑱ 月変該当の確認	育児休業等を終了した日の翌日に引き続いて、産前産後休業を開始していませんか。	該当する項目はチェックしてください ☑ 開始していません	※ 育児休業等を終了した日の翌日に引き続いて産前産後休業を開始した場合は、この申出はできません。

○ 育児休業等終了時報酬月額変更届とは
「育児休業、介護休業等育児又は家族介護を行う労働者の福祉に関する法律」による満3歳未満の子を養育するための育児休業等（育児休業及び育児休業に準ずる休業）終了日に3歳未満の子を養育している被保険者は、一定の条件を満たす場合、随時改定に該当しなくても、育児休業終了日の翌日が属する月以降3カ月間に受けた報酬の平均額に基づき、4カ月後の標準報酬月額から改定することができます。
ただし、育児休業等を終了した日の翌日に引き続いて産前産後休業を開始した場合は、この申出はできません。

○ 変更後の標準報酬月額が以前より下がった方へ
3歳未満の子を養育する被保険者または被保険者であった者で、養育期間中の各月の標準報酬月額が、養育開始月の前月の標準報酬月額を下回る場合、「養育期間の従前標準報酬月額みなし措置」という制度をご利用いただけます。この申出をいただきますと、将来の年金額の計算時には養育期間以前の従前標準報酬月額を用いることができますので、『育児休業等終了時報酬月額変更届』とあわせて、『養育期間標準報酬月額特例申出書』を提出してください。

⑦欄に記入した休業終了日の翌日が属する月から連続する3カ月を記入する

手続きの締切に遅れたときの対応策

給付金や手当金の申請可能期限

出産・育児に伴う給付金や手当金の申請にはそれぞれ期限があります。

原則、期限内に申請を行わなければなりませんが、従業員から書類の返送が遅れて提出期限に間に合わなかったときなどは、それぞれの制度の「時効」を確認してください。出産手当金は出産のため労務に服さなかった日ごとにその翌日、出産育児一時金は出産日の翌日、育児休業給付金は支給単位期間の末日の翌日から2年間は申請可能です。時効から1日でも過ぎてしまうと給付を受けられなくなってしまいます。

なお、出産手当金や育児休業給付金は休業中の被保険者の収入減少を補うための制度ですが、申請してから被保険者に振り込まれるまでには時間がかかります。

出産手当金をまとめて申請する場合、出産後56日経過後に、その月の給与の締め日を過ぎてからの申請となります。申請から1〜2カ月程度で入金されるため、被保険者が実際に出産手当金を受け取るのは出産後3〜4カ月程度となります。

育児休業給付金は、休業の事実が確認できる書類が揃ったのちに原則2カ月分をまとめてハローワークに申請します。たとえば10月1日から育児休業を取得した場合、10月分と11月分を12月1日以降に申請するのです。そのため、育児休業給付金の支給には、休業開始日から3カ月前後を要します。

社会保険料免除の手続きは届出遅延理由申出書を添付する

産前産後休業・育児休業中の社会保険料の免除の申出が遅れた場合には、早急に「届出遅延理由申出書」を添付して手続きを行います。さかのぼれるのは保険料徴収の時効である2年間までです。

遅延証明書は任意書式です。理由書を作成した日付、手続きが遅れた理由、事業所の所在地、企業名、事業主名を記載して、事業主の押印したものを提出します。また、遅延した事実を証明するための賃金台帳や出勤簿も用意しましょう。

第 6 章
従業員に制度を説明する

従業員の理解なしには産休・育休制度を円滑に運用できません。法律および自社の制度を整理しながら、わかりやすく説明するためのワークルールブックの作成法と説明のポイントを紹介します。また、育児休業の取得を積極的に推奨している企業の事例も紹介します。取り組みの背景や内容を参考に、従業員の方たちが働きやすい環境を整えてください。

2022年4月1日から個別周知が義務に

ワークルールブックで従業員に制度を説明する

☑ 従業員に個別周知・意向確認をしなければならない
☑ 会社独自のワークルールブックを作成しよう

個別周知・意向確認が義務化

2022年4月1日から、本人または配偶者の妊娠・出産の申出をした従業員に対し、個別の周知や意向確認の措置が義務付けられました。会社は従業員に、育児休業に関する制度や申出先、給付金、休業中の社会保険料の扱いなどを説明しなければなりません。

これらの説明事項は第3章で解説した育児・介護休業規程で定められますが、規程の文章は硬くわかりにくいというのが従業員のリアルな声です。そのため、規程の内容をわかりやすく記した「ワークルールブック」を作成するとよいでしょう。ワークルールブックには、「電話の取り方」や「休憩の取り方」など、普段働くうえでの決まりごとを記すとより実用的なものになりますが、本書では産前産後休業・育児休業の手引きとしてのワークルールブック例を掲載します。

ワークルールブックを作成する

ワークルールブックは、これを用いて個別の周知や意向確認の措置を行うのはもちろん、入社時の会社説明会や社内研修で自社の方針を説明する際に活用するとよいでしょう。実際に休業を取得する人の理解を促すだけでなく、当事者以外の従業員の意識を高めるのにも役立ちます。また、作成したワークルールブックは社内の共有スペースに置いておくなどして、誰もがいつでも見られる状態にします。そうすることで、「育児を推進している」という会社の姿勢の提示につながるでしょう。

本書に掲載しているワークルールブックは一例です。会社の方針を追記したり、より詳細に説明したりしたいのであれば厚生労働省の資料を参考にして、自社に合ったものを作成しましょう。

社会保険料
健康保険、厚生年金保険、介護保険、雇用保険にかかる保険料のこと。

▶ 手引きの見本①表紙

産前産後休業・育児休業の手引き

～誰もが働きやすい環境を整えるために～

2023年度版

▶ 手引きの見本②目的

FILE 01

全従業員

手引きの目的

本人や配偶者が妊娠・出産・育児をする従業員をサポートするために全員が制度を理解しましょう

◎女性従業員の方へ
・妊娠・出産・育児を経て長期的に働けるように会社がサポートできることをまとめました
・妊娠したことがわかったらこの手引きを読んで、今後の流れを確認してください
・まわりの従業員が育休を取得するときにサポートしてください

◎男性従業員の方へ
・配偶者が妊娠したことがわかったらこの手引きを読んで、今後の流れを確認してください
・男性も育児休業を取得できます
・まわりの従業員が育休を取得するときにサポートしてください

◎管理職の方へ
・制度が大きく変化しています。必ず目を通してください
・部下から本人や配偶者の妊娠を報告されたときに必ず読んでください

Chapter6 02

産前産後休業・育児休業の定義、男性の育児休業取得を説明する

☑ 産前産後休業の期間を必ず説明する
☑ 育児休業は男女ともに取得できると説明する

📍 産前産後休業の概要を説明する

「産休」「育休」と呼ばれる制度の正式名称や制度の開始日まで理解できている人は少ないかもしれません。出産したらすぐに育休に入ると認識している人も多いのですが、出産後は56日間の「産後休業」を経て育児休業に入ります。

なお、出産前の休業は従業員の希望によって取得するか否かが決められていますが、出産後6週間は必ず休業しなければならないとされているので、こうした基礎知識を記載しておきましょう。

📍 育児休業の概要を説明する

育児休業は、従業員の性別にかかわらず要件を満たしたときに取得できる休業です。男性には産前産後休業はなく、原則として子どもの出生日（出産予定日でも可）から育児休業を取得できます。厚生労働省が公表した令和2年度の「雇用均等基本調査」では、男性の育児休業取得の期間は数日から2週間程度が大多数となっていますが、法的には配偶者の出産予定日から子どもが1歳になるまで取得可能です。「妻と同じ期間は休めない」「妻が専業主婦だと休めない」と思っている男性も多いので、この前提を説明するようにしましょう。

また、「男性が育児休業を取って何をするのか」など批判の声があがることもあるでしょう。「妊娠・出産・育児は女性の仕事」と考えられていた時代もあったので、とくに管理職の世代には理解が難しいポイントかもしれません。ですが、生まれてきた子どもの父親にも当然、育児の責務はあります。子どもの世話をしたり、出産した妻を労わったりと家族としての時間を過ごすという点を強調するとよいでしょう。

雇用均等基本調査
育児・介護休業制度や会社における女性の雇用状況などの調査結果をまとめたデータ。

▶ 手引きの見本③産休・育休の定義

> **FILE 02**
>
> 全従業員
>
> # 産休・育休とは
>
> ### 産休は妊娠した女性従業員が
> ### 育休は男性・女性従業員ともに取得できます
>
> ◎産前産後休業（産休）
> ・産休は「産前休業」と「産後休業」で構成された休みのことです
> ・産前休業は希望に応じて、最大6週間取得できます
> ・産後休業は必ず取得しなければなりません。期間は出産後8週間です
> ・産後7週間以降は医師の合意を得られれば復職できます
> ・すべての女性従業員が取得できる休業です
>
> ◎育児休業（育休）
> ・従業員の性別を問わず取得できる休業です ——— **！ 性別問わず取得 できると記載**
> ・子どもが1歳を迎えるまで休めます
> ・子どもが保育所に入れなかったなど特別な事情がある場合は、子どもが1歳6カ月または2 歳になるまで休業を延長できます

▶ 手引きの見本④男性の育児休業

> **FILE 03**
>
> 全従業員
>
> # 男性の育児休業
>
> ### 育休は女性だけのものではありません。
> ### 男性も積極的に取得しましょう
>
> ◎法改正により制度が充実
> ・2022年10月1日から施行された法制度により、男性の育児休業取得が推進されています
> ・休業は1歳までに最大4分割して取得できます
>
> ◎産後パパ育休（出生時育児休業）
> ・子どもが生まれてから8週間以内に取る育児休業です ——— **！ 通常の育児休業と 異なる点を強調**
> ・4週間を上限に取得できます
> ・2回に分けて取得することもできます
> ・4週間を超えて育休を取りたいときは育児休業として取得します
>
> ◎育児休業
> ・子どもが1歳になるまで休業できます
> ・2回に分けての取得が可能です

Chapter6 03 妊娠した際の上司への報告や 意向確認について説明する

☑ 妊娠した情報を口外しないよう周知する
☑ 管理職はお祝いの言葉をかけるよう記載する

妊娠した際の上司への報告

「妊娠したけれど、会社にはいつ、誰に伝えればよいかわからない」という状況をなくすために、こうしたページを設けます。

妊娠初期は**つわり**などで体調の変化が起こりやすい時期です。急な体調不良で仕事を休むこともあるので、妊娠した従業員は直属の上司には妊娠初期のタイミングで妊娠したことをなるべく伝えてもらうようルールを定めておくとよいでしょう。

また、安定期に入るまで同僚への公表を望まない従業員も多くいます。そのため、上司と、休業や給付金の手続きをする総務だけで情報を共有すると明記しておくことで、妊娠した従業員が安心して相談できる環境を整えられます。

配偶者が妊娠した際には、出生時育児休業の取得を希望する男性従業員には、2週間前までの申出が必要なことを、早めに伝えておきましょう。配偶者の体調不良などへの考慮を必要としている場合は、必要な時期に申し出てもらうようにします。

つわり
妊娠初期に見られる嘔吐、吐き気や食欲不振などの症状。

個別に休業の意向を確認する

2022年4月1日から、妊娠・出産の申出をした従業員に対し、会社は個別の周知・意向確認をしなければなりません。育児休業や出生時育児休業に関する制度の説明や、制度利用時の申し込み先などについての説明を行うと、ワークルールブックでも明記しておきましょう。

なお、意向確認の方法は面談（対面もしくはオンライン）、書面交付、FAX、メールのうちいずれかで行うことが想定されています。FAXとメールは従業員が希望した場合に限ります。原則、面談で行うと定めておくとよいでしょう。

▶ 手引きの見本⑤妊娠した際の上司への報告

FILE 04

全従業員 **妊娠したら上司に報告する**

妊娠が判明したタイミングで
直属の上司に報告しましょう

◎報告の仕方
・妊娠が判明したら上司に報告してください。上司から総務へ連絡することになっています
・上司に報告しづらい事情がある場合には総務へ直接報告してください
・同僚には安定期に入ったときなど、任意のタイミングで報告してください

◎情報の扱い
・妊娠した事実は上司と、休業や給付金の手続きをする総務のみで情報を共有します
・まわりの従業員には本人の同意なく公表しません

◎報告後の流れ
・総務から休業や休業中の給付金について説明する面談を設けます

> **プライバシー
> に配慮する**

▶ 手引きの見本⑥個別の周知・意向確認の方法

FILE 05

全従業員 **個別に休業の意向を話す**

2022年4月1日より制度が変わり
個別の意向確認が会社の義務となりました

◎措置の概要
・本人または配偶者の妊娠・出産の申出をした従業員に対して、総務が個別で意向確認を行います

◎確認する内容
・周知ならびに確認することは下記の4点です
①育児休業・出生時育児休業に関する制度
②育児休業・出生時育児休業の申出先
③雇用保険の育児休業給付に関すること
④労働者が育児休業・出生時育児休業期間において負担すべき社会保険料の取扱

◎確認方法
・対面もしくはオンラインで面談を行います

※ほかの方法を希望する場合は申し出てください

妊娠中の体調不良への対応策を説明する

☑ 妊娠中の従業員が利用できる制度を説明する
☑ 管理職に向けた従業員への対応策を説明する

妊娠中の従業員が利用できる制度

　妊娠中の女性および産後1年を経過しない女性には、体調がすぐれないときに勤務時間を短縮することが認められているなど、法令により一定の配慮が求められる旨を掲載します。この制度は、主治医などから指導を受けた従業員から申出があったときのみ利用できるものなので、会社としては申出がないときまでに利用させる必要はありません。そのため、体調を崩した従業員が積極的に制度を利用できるよう、ワークルールブックに掲載しておきましょう。

　すでに仕事に支障をきたすような体調変化がみられる場合には、母性健康管理指導事項連絡カードを活用して、心身を守るための措置を取ってもらうよう促しましょう。

母性健康管理指導事項連絡カード
医師などが行った指導事項の内容を、妊産婦である女性従業員から会社へ的確に伝えるためのカード（詳細は18ページ参照）。

妊娠中の従業員への対応

　一方で、妊娠中の従業員が体調不良であるにもかかわらず、無理をしていることもあるでしょう。管理職は妊娠の報告を受けた従業員に対し日頃から気にかけるようにし、体調不良時に利用できる制度があると説明するなど声をかけるよう掲載します。

　妊娠中は、妊娠した従業員自身も想定外となる体調不良に見舞われやすいものです。心身へ大きな負荷がかかるような業務をわたしていないかなど、本人の状況を見直すよう心がけましょう。

　また、配偶者が妊娠した男性従業員が、通院の付き添いや体調不良の対応をするためにこれまでと同じように働けないこともあると思います。そうした事態に対して会社がサポートできるよう、管理職に配慮を促すのも効果的です。

▶ 手引きの見本⑦妊娠中の体調不良

FILE 06

女性従業員 **妊娠中に体調が悪くなったとき**

安静第一です！
制度を活用して働き方を見直しましょう

◎制度を活用する

・つわりをはじめとして安静が必要な症状だと医師から指導されたときは、勤務時間の短縮や休憩時間の延長などの制度を利用できます

・管理職には使えない制度もあります

◎医師の指示にしたがう

・妊娠中に体調が悪くなったら医師の指示にしたがうようにしてください

・医師からの指導内容を「母性健康管理指導事項連絡カード」を用いて上司に報告してください

無理せず働ける
環境を用意する

▶ 手引きの見本⑧妊娠中の体調不良への対応

FILE 07

管理職 **妊娠中の体調不良への対応**

医師からの指導に基づき
働き方を見直します

◎妊娠中の女性の身体

・妊娠や出産により体調が変化し、体調不良となる女性は少なくありません

・体調不良の程度は個人で異なります。その従業員の状況に応じて必要な対応を取ります

・あきらかに体調が悪いと見受けられるときは、年次有給休暇を活用するなどを促して、決して無理をさせないようにしましょう

・配偶者が妊娠した男性従業員の働き方への配慮もお願いします

◎医師の指示にしたがう

・妊娠中の従業員から「母性健康管理指導事項連絡カード」を用いて医師の指導内容を通知されることがあります

・医師から指導を受けたときは、その従業員が受けた指導を守れるように会社として措置を講じなければなりませんので、「母性健康管理指導事項連絡カード」を受け取ったら総務へ連絡してください

Chapter6 05

産前産後休業の取得と申出の方法を説明する

☑ 産前休業の取得希望を必ず聞く
☑ 管理職に産休の取得対象従業員について説明する

産前産後休業取得者申出書
産前産後休業を取得した被保険者が産休期間中の社会保険料免除を受けるために提出しなければならない書類（詳細は176ページ参照）。

出産する従業員が必ず取得する休業

　産前休業は従業員から請求があったときに取得させるもの、産後休業は従業員の希望にかかわらず必ず取得させなければならないものです。従業員の出産予定日が判明したら「産前産後休業取得者申出書」を作成します。従業員の出産予定日の確認書類として、母子手帳の出産予定日が記載されているページのコピーの提出を求めても問題ありません。

　また、年次有給休暇を利用して産前休業の開始可能日前からの休業を望む従業員もいるでしょう。そうした希望もあらかじめ伝えてもらうよう掲載することで、業務の引き継ぎや分担が円滑に進められます。

マタハラを防止する内容を記す

　産前産後休業（産休）は、勤続年数や所定労働時間に関係なく、妊娠した女性従業員であれば誰でも取得できる旨を記載します。また、産後休業は従業員からの請求の有無にかかわらず取得させなければならない休みであることを強調しましょう。

　当然、取得を認めないなどの発言はマタニティハラスメントです。会社はこうしたハラスメントのないように必要な措置を講じなければなりません。「うちには産休はない」「産休を取った前例がないから休ませられない」「納期があるから出産日の直前まで働くように」といった発言が生まれないよう、周知します。

　また、年次有給休暇は取得目的を問わないため、産前産後休業前に年次有給休暇を取得して休業期間を長くすることも問題ありません。そうした認識を促すような内容にしましょう。

▶ 手引きの見本⑨産休の取得

FILE 08

女性従業員
産休の取得について

**取得を希望する場合は
なるべく早く申し出てください**

◎ 産休の概要
- 出産するときには産前休業（出産予定日以前6週間※）、産後休業（出産後8週間）の休業を取得できます
- 産前休業は希望者のみが取得できます
※多胎妊娠の場合は14週間
- 産後休業は全員取得しなければなりません

◎ 上司に申し出る
- 産前休業の取得を希望するときには、なるべく早く申し出てください
- 申出時には、出産予定日がわかる書類を提出してください

> ！ 多胎妊娠の場合を考慮

◎ 年次有給休暇の活用
- 産休前に年次有給休暇を取得して、休業期間を長くしても問題ありません

▶ 手引きの見本⑩産休の申出

FILE 09

管理職
産休の申出を受けたときの対応

**産休は誰もが取得できる休業です。
休業を認めないといった発言はマタハラです**

◎ 産休の取得要件
- 産休は勤続年数や所定労働時間に関係なく、女性従業員であれば誰でも取得できます
- 取得を認めないといった発言はマタハラです
- 出産するときには産前休業（出産前6週間※）、産後休業（出産後8週間）の休業を取得できます
※多胎妊娠の場合は14週間

◎ 年次有給休暇の活用
- 産休前に年次有給休暇を取得して休業期間を長くする従業員もいます
- 年次有給休暇は取得目的を問わないため、このような休み方をしても問題ありません

◎ 産休中の業務
- 休業期間に必要となる引継は余裕をもって計画してください
- 会社は、産休を取得する従業員の代替要員を確保します

休業中の暮らしを支える

産前産後休業中の給与や保険料、税金の扱いを説明する

☑ 休業中の給与の扱いを確認する
☑ 社会保険料は手続きをすれば免除される

産前産後休業中の給与の扱い

就業規則により産前産後休業中の給与を無給としている場合、健康保険に加入している従業員には所得補償として健康保険から出産手当金が支給される旨を記載します。

出産手当金の支給額は、従業員の1年間の標準報酬月額の平均額を用いて計算されるため、正確な金額を伝えるのは難しいです。そのため、産前産後休業を取得する従業員には「おおよそ月額給与額の2/3程度」と目安としての金額を伝えておくとよいかもしれません。

標準報酬月額
社会保険料を計算するために、従業員の月々の給料を一定の幅に区分した金額のこと。

社会保険料は免除される

産前産後休業中は手続きをすることで社会保険料（健康保険・介護保険・厚生年金）が免除になる旨を記載します。保険料が免除されることで健康保険証が使えなくなると勘違いする従業員がいるかもしれません。被保険者であることは変わりなく、休業前と同様に利用し治療などを受けられることを伝えておきましょう。保険料が免除された期間は、将来の年金額の計算では保険料を納めたものとして取り扱われる旨も伝えておきます。雇用保険料も発生しない旨も併記しておきましょう。

雇用保険料
雇用保険の掛け金のこと。従業員の給与明細には、雇用保険料が記載される。

また、休業中の税金の扱いも説明しましょう。所得税は支給する給与に対して控除する額が決まるので、給与が支給されなければ発生しません。一方、住民税は前年の所得に対して課税額が決まるので、休業中も免除されません。育児休業の取得時期と休業期間によって徴収方法が異なるので、従業員と相談して徴収方法を決めてください。

▶ 手引きの見本⑪産休中の給与と給付金

FILE 10

女性従業員

産休中の給与について

**休業中は会社から給与の支給はありません。
ただし給付金などが支給されます**

◎給与
・産休中は会社から給与は支給しません

◎給付金
・健康保険の被保険者には「出産手当金」が支給されます
・支給額は原則として、産休に入る前の1年間の給与（標準報酬月額）に基づいて決められ
　ます。おおよそ月額給与額の2/3程度です

> **！ おおよその金額を記載**

◎出産費用
・健康保険から「出産育児一時金」が支給されます
・支給金額は子ども1人につき原則50万円です
・帝王切開での出産時には健康保険の「高度療養費」を請求できることもあります

▶ 手引きの見本⑫産休中の保険料と税金

FILE 11

女性従業員

産休中の保険料と税金について

**社会保険料は免除、所得税は発生しません。
住民税のみご自身での納付をお願いします**

◎社会保険料
・産休中は社会保険料が免除されます（手続きは会社が行います）
・給与から社会保険料が天引きされません。なお、健康保険証は従来通り使用できます
・雇用保険料は給与の支払いがあったときに発生する保険料なので、産休期間の徴収はありま
　せん

◎所得税
・所得税は給与にかかる税金です。給与が支給されない産休期間は所得税が発生しません

◎住民税
・住民税は免除されません。徴収方法は別途相談します

出産後に必要な手続きを説明する

Chapter6
07

☑ 出産報告をしてもらう
☑ 健康保険の扶養手続きのための書類をわたす

扶養手続きの説明をする

　出産後には休業前に所属していた上司や総務などに出産の報告をしてもらうようにしましょう。出産手当金や育児休業などの手続きを考慮すると、なるべく早く伝えてもらったほうが便利です。その際に、生まれてきた子どもを父親・母親どちらの扶養に入れるのかも報告してもらうようにしましょう。なお、1人の子どもを父親・母親の両方の扶養に入れることはできません。

　また、出産をした女性は一般的に一定期間入院することになりますが、健康保険の扶養手続きなど、なるべく早く取り掛かりたい手続きがあります。生まれた子どもを扶養に入れるための「被扶養者異動届」は原則、出産後5日以内に提出しなければなりません。しかし、実際にこの期限を守るのは難しいので、出産後、スムーズにやりとりができるように、手続きの流れを提示しておき、出産後すみやかに提出してもらうようにします。それらの手続きに必要な書類は「出産後すみやかに提出してほしい書類一式」として、事前にまとめてわたしておきましょう。なお、会社は生まれてきた子どもを扶養に入れるために、当該従業員の扶養家族の人数を給与計算ソフトに登録し直します。

被扶養者異動届
子どもの出生などで、健康保険や厚生年金保険に加入する従業員の追加や削除などがあるときに届け出る書類。

お祝い金があれば記載する

　会社の福利厚生として出産祝金の支給を規定している場合は、その旨もワークルールブックに記載しましょう。会社からのお祝い金の相場は3〜5万円のところが多いようです。お祝いをわたすタイミングも書いてあるとよいでしょう。

■ 手引きの見本⑬出産後に必要な手続き

FILE 12

子どもが生まれた
従業員

出産後に必要な手続き

**原則、出産後5日以内に
出産の報告・用紙の提出をお願いします**

◎出産の報告
・出産後には休業前に所属していた上司に出産の報告をしてください
・生まれてきた子どもを父親・母親どちらの扶養に入れるのかも併せて報告してください

◎手続き
・社会保険と税金の手続きを行います。産休前におわたしした用紙一式を提出してください
・原則、<u>出産後5日以内に提出してください</u>

提出期限を記載

◎お祝い金
・当社から出産祝金として3万円を贈ります
・ご自宅に現金書留で郵送します

第6章

従業員に制度を説明する

MEMO

生まれてきた子どもを
扶養に入れる際の手続き

生まれてきた子どもを扶養に入れる際は「健康保険被扶養者異動届」を日本年金機構または健康保険組合に提出します。生まれたばかりの赤ちゃんは手続きが完了するまで保険証がない状態になるので、出産後すみやかに手続きできるよう周知しましょう。手続きに必要な書類は以下の2点です。
①健康保険被扶養者異動届
②戸籍謄本または戸籍抄本、住民票（続柄確認のための書類）のいずれかのコピー
※①の異動届に被保険者と生まれた子どものマイナンバーを記載した場合②は不要です
※健康保険組合によっては他の書類の提出が必要な場合があります

Chapter6
08
育児休業の取得と申出方法を説明する

☑ 育児休業には取得要件があることを説明する
☑ 管理職と従業員の間だけで育児休業取得の話を進めない

育児休業の取得要件を説明する

　育児休業は産前産後休業とは異なり、誰でも取得できる休業ではありません。子どもが1歳6カ月までの間に契約が満了することが明らかな有期雇用労働者は取得できないなど、取得要件があるので、休業を希望する従業員にはなるべく早く申し出てもらうよう記載しましょう。

　法令上は休業開始予定日の1カ月前までに申し出ることで取得できるとしていますが、人員配置や業務の調整などが必要になるので、会社としてはなるべく早く申し出てもらったほうが対応しやすいです。

育児休業は総務へ申し出てもらう

　管理職は、育児休業の取得について部下から相談されることもあるでしょう。先ほど述べた通り、一定の取得要件を満たさない従業員は育児休業を取得できません。産前産後休業後、すぐに職場復帰することになります。

　「上司に相談したうえで休業する方向で考えていたのに、実際は取得要件を満たしていなかった」といったトラブルを防ぐために、部下から相談を受けたら総務への相談を促すか、従業員から総務へ一報入れるなどのルールを定めるようにしましょう。

▶ 手引きの見本⑭育休の取得

FILE 13

子どもが生まれた
従業員

育休の取得について

休業開始希望日の1カ月前までに総務に申し出てください

◎育休の取得要件
・申出の日から1年以内に契約が終了する従業員、1週間の所定労働日数が2日以下の従業員は取得できません
・配偶者が専業主婦（夫）でも取得できます

> 労使協定を締結している
> 前提の記載例です

◎育休の取得期間
・原則として、子どもが1歳になる誕生日の前日までの間で休業できます
・2回に分けて取得できます
・保育所に入れないなど特別な事情があるときは、子どもが1歳6カ月または2歳になるときまで休業を延長できます

> 延長・再延長の
> 区切りを記載

◎申請方法
・なるべく早く（遅くても休業開始日の1カ月前までに）申し出てください

▶ 手引きの見本⑮育休の申出

FILE 14

管理職 # 育休の申出を受けたときの対応

部下から育休取得について相談を受けたら
総務へ一報お願いします

> 労使協定を締結している
> 前提の記載例です

◎育休の取得要件
・育休は育児・介護休業法で認められた権利です
・原則、日雇従業員以外の全従業員が取得できますが、労使協定の締結により一部の従業員には取得権利がありません
・部下から育休の取得について相談を受けたら、その従業員が育休を取得できるのか、総務へ確認してください

◎育休の取得期間
・原則として、子どもが1歳になる誕生日の前日まで休業できます
・保育所に入れないなど特別な事情があるときは、子どもが1歳6カ月または2歳になるときまで休業を延長できます

男性向け育休と
パパ・ママ育休プラスを説明する

☑ 男性は最大4回育児休業を分割取得できる
☑ 父親・母親ともに育児休業を取得すると期間が延びる

柔軟な育休取得が魅力の新制度

　2022年10月1日に始まった新制度「出生時育児休業（産後パパ育休）」について記載します。この制度は、配偶者の出産後8週間以内に、上限を4週間として取得できる休業です。2回に分割して休業できたり、事前に労使協定を締結することで休業中でも一時的に就業できたりなど、柔軟に取得できる点が魅力の制度なので、男性の育児休業取得のハードルが下がるように、そうしたメリットを強調して記載するようにしましょう。

　また、2022年10月以降は、子どもが1歳になるまでの育児休業も2回に分割して取得できるようになりました。長期にわたって育児に専念したい従業員もいれば、業務とのバランスを鑑みて短期的な休業を複数に分けて取得したい従業員もいるでしょう。各従業員の希望に合わせて取得できることも記載しておくと、働き方の選択肢が広がります。

父親・母親ともに育児休業を取ると期間が延びる

　育児休業は通常、子どもが1歳になるまで休める制度ですが、パパ・ママ育休プラス制度を活用すると育児休業を利用できる期間が子どもが1歳2カ月になるまで延びます。利用期間は2カ月延びますが、休業できる期間は父親・母親ともに1年間です（女性の場合は産後休業期間も含めてカウント）。そのため、父親は休業を分割取得するなどして休業期間を調整し、子どもが1歳になる前後で母親が復職、父親は休業に入り子どもが1歳2カ月を迎えるまで休業するといった活用方法になります。

　ワークルールブックには制度を文章で説明するだけでなく、制度の活用例も併記することで、理解を促せるでしょう。

パパ・ママ
育休プラス
父親と母親がともに育児休業を取得することで休業期間を延長できる制度（詳細は46ページ参照）。

▶ 手引きの見本⑯男性向け育休

FILE 15

子どもが生まれた
男性従業員

男性向け育休について

男性は計4回に分けて
育休を取得できます

◎**男性の育休取得の促進**
・男性の積極的な育児参加が唱えられ、育児・介護休業法の改正も行われています
・当社では**男性が育休を取得しやすい環境を整備**します

◎**出生時育児休業**
・2022年10月1日から施行された制度です

→ **会社の方針を明記**

・子どもが生まれてから8週間以内に上限を4週間として取れる育児休業です
・2回に分割して取得できます
・事前に手続きをすれば休業中の就業も可能です　※女性従業員も養子縁組などの場合は取得できる

◎**育児休業の分割取得**
・子どもが1歳になるまで取得できる育児休業を2回に分けて取得できます
・分割取得を希望する場合、総務と働き方を検討しましょう

▶ 手引きの見本⑰パパ・ママ育休プラス

FILE 16

全従業員 # パパ・ママ育休プラスについて

母親・父親ともに育休を取得すると
休業可能期間が1歳2カ月まで延びます

◎**制度の概要**
・パパとママの両方が育休を取得することで育児休業の取得可能期間が**1歳2カ月まで延び**ます
・利用できる期間は延びますが、おのおのの休業可能期間は1年間です

◎**制度の使い方**
・[例1] 母親の復職に合わせて父親が育児休業を取得

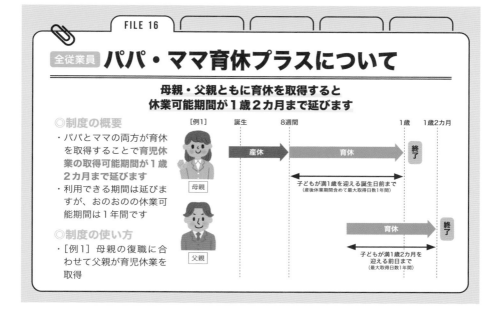

第6章

従業員に制度を説明する

育児休業中の給与や保険料、税金の扱いを説明する

☑ 育児休業中は無給の場合、給付金が支給される
☑ 社会保険料は免除される

育休中は給付金が支給される

　育児休業中の給与の扱いについて記載しましょう。無給としている場合には、雇用保険に加入している従業員は要件を満たすと、その所得補償として育児休業給付金が支給されると案内します。

　育児休業給付金の支給額は、休業を取得する前6カ月間の給与額をハローワークに登録することで決まります。女性従業員は産前産後休業に入る前の6カ月間が対象になりますが、妊娠中の体調不良により欠勤が続いた従業員は欠勤する前の期間の給与額で算出されることもあるので、おおよその支給金額は総務から補足して説明するようにしましょう。なお、雇用保険に加入していない従業員や、雇用保険の被保険者期間が短い従業員には、育児休業給付金は支給されません。従業員に説明するときには事前に受給資格があるのか確認し、誤解のないように説明します。また、休業中に一時的に就業すると給付金は減額されるので、休業中の就業を希望する場合にはこの旨も伝えましょう。育児休業中に賞与が支給されたときは、給付金額は変わらず受給できます。

ハローワーク
全国500カ所以上に設置されている公共職業安定所。職業紹介などを行う。

育児休業中も社会保険料は免除される

　育児休業中も手続きをすれば社会保険料が免除されるため、給与から社会保険料が天引きされることがない旨を記載します。

　保険料が免除されることで健康保険証が使えなくなると勘違いする従業員がいるかもしれません。被保険者であることは変わりなく、休業前と同様に利用し治療などを受けられることを伝えておきましょう。保険料が免除された期間は、将来の年金額の計算では保険料を納めたものとして取り扱われる旨も伝えておきます。

天引き
給料を支払うときに、あらかじめ税金や保険料などを差し引いておくこと。

▶ 手引きの見本⑱育休中の給与と給付金

FILE 17

子どもが生まれた従業員

育休中の給与と給付金について

**育休中は給与を支給しません。
要件を満たすと給付金を受給できます**

◎給与

・育休中は会社から給与は支給しません

◎給付金

・雇用保険に加入し一定の要件を満たしたときは「育児休業給付金」が支給されます
・給付金の支給額は休業取得前の給与額によって決められます。おおよそ休業前の給与の67%または50%です
・給付金は2カ月に1回、みなさんの金融機関の口座に振り込まれます
・手続きは会社が行います

振込先を明記

▶ 手引きの見本⑲育休中の保険料と税金

FILE 18

子どもが生まれた従業員

育休中の保険料と税金について

**社会保険料は免除、所得税は発生しません。
住民税のみご自身での納付をお願いします**

◎社会保険料

・産休同様、手続きをすることで社会保険料（健康保険・介護保険・厚生年金保険）が免除されます
・免除期間は、休業開始日が属する月から、終了日の翌日が属する月の前月までです
・なお、健康保険証は従来通り使用できます
・雇用保険料は給与の支払いがあったときに発生する保険料なので、育休期間の徴収はありません

◎所得税

・所得税は給与にかかる税金です。給与が支給されない育休期間は所得税が発生しません

◎住民税

・住民税は免除されません。徴収方法は別途相談します

Chapter6

11

保育所の入所申し込みと
育児休業の延長を説明する

☑ スムーズに復帰できるように会社が保活を促す
☑ 育児休業の延長可能事由を説明する

● 会社から「保活」を促す

育児休業から復帰するとき、一般的には子どもを保育所に預けます。子どもを認可保育所に入れることを希望する場合、従業員が住所地の自治体に入所申し込みを行う必要があるので、その旨をワークルールブックに記載しましょう。

申し込みの時期や手続きは各自治体により異なりますが、申し込み後、自治体で入所希望者の調整が行われてから入所可否が決まります。そのため、申し込みの時期になったら、会社は従業員に連絡して、育児休業終了後の生活についてヒアリングし、保育所の入所申し込み状況などを確認するとよいでしょう。

認可保育所
国が定めた設置基準
（保育士等の職員数
や防災管理など）を
満たして、都道府県
知事に認可された施
設のこと。

● 特別な事情があれば育児休業を延長できる

保育所の入所を申し込んだものの入れなかったときなどの場合には、子どもが1歳6カ月を迎えるまで育児休業を延長できます。育児休業の延長は、法令上では開始予定日の2週間前までに行うことになっていますが、なるべく早めに従業員から連絡してもらうよう、ワークルールブックに記載しましょう。

子どもが1歳6カ月になるまで育児休業を延長しても、1歳6カ月になった時点で保育所に入所できなかった場合には、子どもが2歳になるまで再度延長することができます。

なお、法令の内容を超えて、子どもが3歳になるまで育児休業の取得を認めている会社もあるでしょう。こうした、会社が任意に与えた休業期間については育児休業給付金は支給されないことも記載します。

▶ 手引きの見本⑳保育所の入所申し込み

FILE 19

子どもが生まれた
従業員

保育所の入所申し込みについて

**各自治体により申し込み期間が異なります。
早めに確認しましょう**

◎概要
・保育所には認可保育所と認可外保育所があります
・認可保育所は厚生労働省管轄の児童福祉施設です
・認可外保育所は、設置・運営に関して認可保育所よりも緩やかな基準が設けられている保育施設です

◎申し込み
・認可保育所の手続きは各自治体が行っています
・**申し込み期限や手続き方法は自治体により異なるため、早めに確認しましょう**

無理のない程度
に復帰を促す

▶ 手引きの見本㉑育休の延長・再延長

FILE 20

子どもが生まれた
従業員

育休の延長・再延長について

**保育所に入れないなど特別な事情があれば
育休の期間を半年延長できます**

◎育休の延長・再延長
・子どもが1歳になる育児休業終了予定日に認可保育所に入れない場合、子どもが1歳6カ月になるまで育児休業を延長できます
・子どもが1歳6カ月になる育児休業終了予定日に認可保育所に入れない場合、子どもが2歳になるまで育児休業を延長できます
・育児休業を延長（再延長）するときは「育児休業申出書」を延長する2週間前までに提出してください

◎延長時の給付金
・育児休業給付金は、育児・介護休業法が定める延長（再延長）の理由により延長（再延長）したときは、引き続き支給されます
・延長（再延長）の理由を確認するために、自治体が発行した保育所に入れないことの通知書を提出してください

Chapter6
12

産前産後休業・育児休業中の従業員への対応を説明する

☑ 管理職には休業中の従業員と連絡を取るように促す
☑ 復帰前には会社と従業員で面談を行う

管理職は従業員が働きやすい環境を整える

　産前産後休業や育児休業を取得した従業員は、復帰することを前提として休業します。そのため、休業を取得する前の職場内でも温かな対応をすることが求められます。

　休業を取得している従業員は、休業中の業務の割り振りや職務復帰後の働き方に対して不安を抱くものです。上司はそうした不安を取り除くためにも、定期的に休業中の従業員と連絡を取って職場の状況を伝えるなどして、休業中の従業員が復帰しやすい環境を整えるよう促しましょう。休業中の従業員の近況をプライバシーに配慮したうえで周囲の従業員に伝え、まわりの従業員が復職を受け入れやすい環境を作るのも効果的です。

プライバシー
私事や私生活が、他者からの干渉や侵害などを受けない権利。

休業からの復帰を支援する

　復職後は原則として、休業を取得する前の職場で、以前と同様の業務につくことになります。しかし、復帰するときの職場の状況や、復帰する従業員の働き方の希望を考慮した結果、最終的に会社が従業員と面談をして復帰する職場を決める事例もよくあります。

　また、復職後は「仕事と育児の両立が難しい」「職場になじみづらい」と多くの人が感じるものです。そのため、早めの職場復帰を選択肢の1つとして提示するのもよいでしょう。会社が従業員を無理に早期復帰させることはできませんが、状況によっては早めに保育所の手配をするといった復帰につながる行動を促しても問題ありません。ただし、マタニティハラスメントにならないように注意してください。

▶ 手引きの見本㉒産休・育休中の対応

FILE 21

管理職 **同僚・部下が休業したときの対応**

**休業中の従業員も会社の一員。
温かな対応をお願いします**

◎休業中の対応
・産休・育休は復職することを前提とした休業です
・産休・育休中であっても会社の一員であることに変わりはありません
・休業中の従業員は復職後の働き方に対して不安を抱くものです。上司は定期的に職場の状況を連絡するなど、コミュニケーションを取るようにしてください
・復帰日が決まったら周囲の従業員にその旨を伝えるなどして、復職しやすい職場環境を作ってください

休業中の交流を
促す

▶ 手引きの見本㉓職場復帰

FILE 22

子どもが生まれた
従業員 **職場復帰後の働き方**

**原則として休業前の職場に
復帰してもらいます**

◎職場
・産休や育休が終了すると職場復帰をしますが、原則として育休を取得する前の職場で同じ業務についてもらいます

◎業務の変更
・働くことのできる時間の制約やさまざまな事情により、職場や業務内容を変更することもあります
・復帰後の働き方は、育休終了前に総務との面談を経て決定します

原職復帰を明記
する

Chapter6 13

職場復帰後の配慮や支援制度を説明する

☑ 復職後は休業前のように働けるとは限らないと管理職へ説明する
☑ 育児をする従業員に支援制度を説明する

育児をする従業員をサポートする

産前産後休業や育児休業を取得していた従業員は、職場復帰後は慣れない生活に戸惑うものです。また、保育所に預けた子どもが慣れない集団生活で体調を崩して、保育所から呼び出されることも多々あります。まわりの従業員や上司は「復帰したから仕事に注力するのだろう」と思い、復帰しても長時間働けない従業員に反感を抱いてしまうかもしれません。しかし、子どもが成長すればある程度は解決される問題です。一過性のものだと認識し、育児をする従業員を支援するよう記載しましょう。

ただし、復帰した従業員への過度な配慮は、昇進や昇格の機会を奪い、補助的な業務・職種への配置を行う「マミートラック」に追い込むことにつながりかねません。復帰した従業員の希望も考慮したうえで、会社を構成する1人の従業員として活躍できるように配慮する必要があります。なお、会社は管理職に過重な負担がかからないように管理職向けの研修を行ったり、しくみを整えたりといった取り組みが必要になります。

マミートラック
子どもを持つ女性の働き方の1つ。仕事と子育ての両立はできるものの、昇進・昇格とは縁遠いキャリアコースのこと。

育児をする従業員を支援する制度がある

育児をする従業員には、育児短時間勤務や所定労働時間の短縮など、育児支援の制度が設けられています。

さらに、年次有給休暇や子の看護休暇など、子どもを育てながら働く従業員には「休む権利」が与えられています。その一方で、代わりにやるべき業務を引き受けた従業員がいるからこそ、子どものことで休んだり早退したりすることができるものです。ワークルールブックには、利用できる制度だけでなく、周囲の従業員への配慮についても記載しましょう。

▶ 手引きの見本㉔職場復帰後の配慮

FILE 23

管理職 **職場復帰後の従業員への対応**

**復帰後、思うように働けない
従業員のフォローをお願いします**

◎復帰した従業員の対応
・保育所に預けた子どもが慣れない生活により体調を崩して、従業員が保育所からお迎えの連絡を受けることが多々あります
・そうした状況になるのは一過性のものです。**育児をする従業員を支援しましょう**
・過度な配慮は昇進や昇格の機会を奪うことにもつながります。会社を構成する1人の従業員として活躍できるように配慮してください

◎周囲の従業員への対応
・「復帰したから仕事に注力するのだろう」と思い、復帰しても長時間働けない従業員に反感を抱いてしまうかもしれません
・管理職のみなさんは、そうした**周囲の従業員へのフォロー**もお願いします
・管理職のみなさんは両立支援の制度を理解しておきましょう

▶ 手引きの見本㉕両立支援の制度

FILE 24

子どもが生まれた
従業員 **仕事と育児の両立支援の制度**

**育児中は時短勤務や残業の免除を
申請できます**

◎制度
・育児中の従業員には、仕事と育児を両立させるための制度が整備されています
 [代表的な制度]
 ・育児短時間勤務：所定労働時間を原則6時間とする
 ・所定外労働の制限：残業を免除する
・子どもが1歳になる前に職場復帰をしたときは授乳や育児のための時間（育児時間）を取得できます（女性のみ）。取得可能時間は1日2回各30分です

※制度は仕事を支えるほかの従業員の存在があって初めて成立します。周囲の従業員に感謝の気持ちを伝えるよう心がけてください

マタハラ・産後うつに関する
相談先を説明する

☑ 社内のハラスメント行為を予防する
☑ 自治体の相談窓口の活用をワークルールブックに載せておく

⬤ ハラスメント相談窓口を案内する

労働施策総合推進法
1966年に制定された「雇用対策法」を改正した法律。労働者の多様な働き方の促進を目的とする。

　男女雇用機会均等法や育児・介護休業法、労働施策総合推進法では、会社にハラスメントの防止対策を行うことを義務付けています。相談窓口を設置したら、ワークルールブックにも担当の連絡先を記載しておくことで、従業員に周知しましょう。

　妊娠したことで周囲の従業員から心無い言葉を投げかけられたり、妊娠中であることを過度に配慮されたりすることをマタニティハラスメントと感じる従業員もいるかもしれません。些細なことでもよいので相談窓口に連絡してもらい、ハラスメントの発生防止につなげられるようにしましょう。

　育児に関連したハラスメントを受けるのは、女性従業員だけではありません。男性従業員も被害者になることがあります。「育児は女性がするもの」という価値観を持つ上司であれば、育児休業制度の利用を阻害する発言をすることもあるでしょう。そうしたハラスメント行為があったときには、それを会社ができる限り早期に発見・把握し、解決に導きましょう。

⬤ 自治体の相談窓口を活用する

ホルモンバランス
卵巣から分泌される女性ホルモン。エストロゲン（卵胞ホルモン）とプロゲステロン（黄体ホルモン）。

　妊娠するとホルモンバランスの変化を受け、気持ちが落ち込んだり心が不安定になったりすることがあります。また、出産後も赤ちゃんとの暮らしにしんどい・悲しい気持ちを抱いたり、そう感じてしまうことに罪悪感を覚えたりと、妊娠から子育て中まで思い悩むことはあるものです。

　そのため、「妊娠相談ほっとライン」や「こころといのちのほっとライン」など、自治体が運営する相談窓口の連絡先をワークルールブックに掲載しておくとよいでしょう。

▶ 手引きの見本㉖マタハラ相談窓口

FILE 25

全従業員 # マタハラ相談窓口に相談を！

妊娠・出産・育児に関して
不快な思いをしたら相談してください

◎概要
・会社はハラスメント防止に力を入れています
・「これってマタハラかも」と感じたらすぐに相談してください

◎マタハラの例
・以下の発言はマタハラです
「子どものことを第一に考えないと」
「育児のために休めていいね」
「妊娠は病気じゃないから休まないで」
「子どもができたら降格してください」

◎連絡先
窓口：総務課○○○○
（内線：●●、メール●●.com）
※秘密は厳守します

プライバシー
に配慮

▶ 手引きの見本㉗産後うつ相談

FILE 26

女性従業員 # 「産後うつ」かと思ったら

困りごとや悩みを抱えたら
自治体の相談窓口に連絡してみてください

◎症状
・気分の落ち込みや楽しみの喪失、自責感、自己評価の低下などがあらわれることがあります
・産後３カ月以内に発症し、症状は２週間以上持続します

◎心が不安になったら
・自治体が運営する相談窓口に連絡してみてください
　妊娠相談ほっとライン（運営：東京都）
　電話番号：03-5339-1133
　こころといのちのほっとライン（運営：東京都）
　電話番号：0570-087478

Chapter6
15

育児休業の導入事例①
関東菱油株式会社

☑ ライフワークバランスの変化によりそう
☑ 世代間ギャップを埋めるよう説明する

> 関東菱油株式会社は、ENEOS株式会社の特約店として埼玉県内に20店舗以上のサービスステーションを運営するほか、石油製品の卸売販売や自動車用・産業用燃料油の販売などを行っています。総務部総務課の佐々木史之氏からお話を伺いました。

育児休業推進の背景と取り組み

　弊社が育児休業を推進し始めたきっかけは2022年の法改正と、採用力強化が背景にあります。ホームページに育児休業の取得率を掲載している企業が増えてきたことから、企業のイメージアップも含めて休業制度を整備しました。法改正に伴い育児・介護休業規程を改定した旨を全従業員に周知したり、結婚した従業員には個別に周知・意向確認をしたりしています。

　20・30代の男性社員には「男性も育児休業を取るのが当たり前」という価値観がありますが、年代によっては後ろ向きな態度を露わにされることもあります。そうした従業員には、時代背景の変化や会社の方針を個別で伝えて、納得してもらうよう努めています。

育休取得率向上に向けた今後の課題

サービス
ステーション
ガソリンスタンド。
自動車や二輪車用の
燃料ガソリンが販売
されている。

　とはいえ、サービスステーションを運営する人員が限られていることから、長期間の休業取得を促せないのが実情です。また、実際に育児休業を取得した男性従業員からは「もう少し長い期間休業したいけど、給与が減るから家計を支える身としては休めない」という意見も聞きます。給付金の支給率が増えることを願いつつ、人員不足を解消するべく社内体制を整えなければならないと考えています。

関東菱油株式会社

DATE :

業種 ガス・エネルギー　従業員数 453人　従業員男女比 7：3

背景 :
・2022年に育児・介護休業法の新制度が施行されたことを受けて
・ライフワークバランスの変化を受け、新卒の採用力強化を狙うため

取り組み内容 :
・全従業員に対して、法改正に伴う育児・介護休業規程の改定の周知
・新卒採用時の会社説明会での周知
・結婚した従業員に対して、育児休業制度の個別周知と意向確認
・男性が育休を取得することに抵抗感を覚える従業員への個別周知

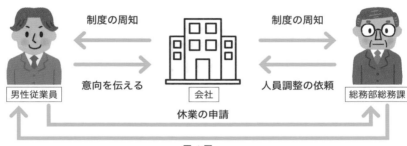

実績 :
・2022年度育児休業取得率　男性 20%　女性 100%

今後の課題 :
・休業を取得しやすい人員体制を整える
・従業員の育児休業制度への理解度を高める
・出産お祝い金の支給金額をアップする

※関東菱油株式会社はドリームサポート社会保険労務士法人の顧問先です

社労士からのコメント

実際に休業を取得した従業員の感想を伝えてみましょう。「育休を取ったから家庭生活が充実した」「親子の結びつきが強くなった」などの好意的な感想を伝えると、性別問わずに育休を取得したほうがよいと捉えられるようになるかもしれません

第6章　従業員に制度を説明する

育児休業の導入事例②
株式会社スパイスボックス

☑ 情報にアクセスしやすい環境を作る
☑ 職種にかかわらず休業できる環境を整備する

株式会社スパイスボックスは、デジタル領域のマーケティング・広告コミュニケーション事業を行う会社です。上席執行役員・経営管理局局長の山田喜幸氏と経営管理局の山本真祐子氏からお話を伺いました。

育休推進の背景と取り組み

アニバーサリー休暇
従業員個人の記念日に合わせて、結婚記念日や誕生日などに休暇を取得できる制度。

　働き方の多様性を重視している弊社では、アニバーサリー休暇など会社独自の休暇制度を作ってきました。育児休業は法で定められた休暇なので、従業員間では「取得できて当たり前な休暇」として認識されています。これまでは妊娠した女性従業員に対し個別周知と意向確認を行っていましたが、2022年の法改正後は配偶者が妊娠した男性従業員にも同様に行っています。

　また、社内掲示板に産前産後休業や育児休業に関する手引きを置いたり、相談窓口を載せたりと、従業員が育児休業制度の情報にアクセスしやすい環境を整えています。多様性を尊重する社風のおかげか、休業に対してネガティブなイメージを抱いている従業員はいないため、「制度に対する理解が進まない」という課題は発生していません。

育児休業取得率向上に向けた今後の課題

　しかし、職種によっては育児休業を取得しづらい状況にあるのも事実です。

　これまで育児休業を取得してきたのはバックオフィス職の従業員が中心でした。今後、営業プロデューサー職の従業員が同時期に複数名休業を取得すると業績に影響が生じることは少なからずあるので、それに耐え得る事業構造及び職種設計の見直しに取り組んでいきます。

spicebox

株式会社スパイスボックス

DATE :

業種 **広告**　従業員数 **101人**　従業員男女比 **5：5**

背景 :
・2022年の法改正を受けて
・経営において大切にしているバリューとして「多様性を愛する」を掲げていることから、制度を受け入れやすい土壌ができ上がっていた

取り組み内容 :
・全従業員に対して、法改正に伴う育児・介護休業規程の改定の周知
・入社時の制度説明での周知
・妊娠した従業員に対して、育児休業制度の個別周知と意向確認
・従業員がアクセスしやすい場所での掲示
・育休に限らず福利厚生を充実させる

福利厚生の一例 :
・アニバーサリー休暇：本人や家族、大切な人の誕生日や記念日に取得できる休暇制度
・育児目的休暇（有給）：年1回5日まで出産支援や育児のための休暇制度
・ベビーシッター派遣事業割引券の給付：仕事のために社員がベビーシッターを利用する際に、対象児童1人につき1日4400円分（2200円×2枚）までの補助が受けられる（内閣府補助）

実績 :
・2022年度育児休業取得率　　男性 **33%**　女性 **100%**

今後の課題 :
・育休取得希望者が増えたときの人員配置
・労働時間と業績が直結する部署の従業員が休業した場合の人材補填
・休業からの復職後、時短勤務が可能な職種とそうでない職種があること

担当者の
コメント

私自身10カ月間の育児休業を経て復職し、現在も時短勤務で働いています。会社の手厚いサポートを受けて休業できたという想いがあるので、復職後は周囲の方々に恩返ししたい一心で働いています（山本真祐子氏）

※株式会社スパイスボックスはドリームサポート社会保険労務士法人の顧問先です

第6章 従業員に制度を説明する

(社労士からのコメント)

休業を受け入れやすい土壌ができているのはすばらしいです。育休取得者が増えたときにもその土壌を維持できるのか、時短勤務の働き方を含めて検討する必要がありそうですね

Chapter6
17
育児休業の導入事例③
GCストーリー株式会社

☑ 従業員の幸せを第一に考える社風
☑ 従業員の要望に合わせて会社独自の制度を設立

GCストーリー株式会社は、サービスプロモーション事業やエナジー事業など計4つの事業に取り組む会社です。事業推進部で育休制度を整備・運用している藤田里菜氏からお話を伺いました。

📍 育休推進の背景と取り組み

2005年に設立した弊社で初めて産前産後休業や育児休業を取得したのが私でしたので、「仕事と育児の両立がしやすいかたちを作っていく」という社の方針のもと人事部の方とともに制度を整備していきました。そのときから、育児休業の取得可能時期を子どもが2歳を迎えたあとの3月まで延ばし、子の誕生日を起点として子の看護休暇のために有給が年間12日分付与されます。

その後も、法改正の内容や従業員からの要望に合わせて弊社独自の休業制度を設けてきました。出産に伴い一旦退職し、小学校就学時まで再雇用を約束する「パスポート」の発行や、業務委託として「プレ復帰制度」を設けています。

📍 育児休業取得率向上に向けた今後の課題

現在、パスポートを持っている方には業務委託というかたちで弊社に従事してもらっています。しかし、子どもが幼稚園に通い始めたなどの理由で、業務委託以上正社員未満の条件で働けないかと相談を受けています。週15時間、20時間程度の時短勤務は可能か社内で検討しているところです。また、パスポート所持者が復職したときの就業条件も考えていかなければなりません。

社員を含むステークホルダー全体の幸せを理念にしている会社なので、育児休業の取得率を上げるよりも、社員のニーズをどのように叶えていくのかに課題の比重が置かれています。

ステークホルダー
会社が活動や経営をする際に、影響を受ける利害関係者のこと。

GCストーリー株式会社

DATE：

業種 コンサルティング、エコ・リサイクル 　従業員数 55人 　従業員男女比 6：4

背景：
- 「自分自身の周囲や社会が幸せな状態であることを目指す」という会社の考え方のもと、独自の育児休業制度を整備していった
- 法よりも手厚いサポートを目指す方針がある

取り組み内容：
- 子どもが2歳到達後、最初の4月に復職しない場合、また復職の意思がない場合は一旦退職し、小学校就学時まで再雇用を約束する「パスポート」を発行する
- 育休の期限が切れた従業員など条件があえば「業務委託」として就労可能
- 育休が終わった従業員が働く時間を徐々に増やしながら復帰の"リハビリ"をする「プレ復帰制度」を設立
- 社内に「ママ会」を設置。子育て中の課題を女性従業員間で共有・解決する
- 2年に一度「リフレッシュアンケート」を実施し、現行の社内制度への意見を吸い上げる
- Slackなどのチャットツールを活用して円滑なコミュニケーションを促す

実績：
- 2022年度育児休業取得率 　男性 対象者なし（前年度は100%） 　女性 100%

今後の課題：
- 正社員や業務委託以外での柔軟な働き方の模索
- パスポート取得者が復職する際の雇用条件等の調整

担当者の
コメント

会社の全従業員の人間関係がフラットで深い関係で結ばれている状態を目指している弊社では、従業員の要望に応じて育休制度を整備してきました。今後は、育休を取得しない従業員と取得する従業員とで働き方の公平性が揺らがないか検討していきます

※GCストーリー株式会社はドリームサポート社会保険労務士法人の顧問先です

第6章

従業員に制度を説明する

社労士からのコメント

社内の雰囲気や制度の内容含め"進んでいる"印象を受けます。これからも時短勤務を含めた多様な働き方や制度について議論を進めてほしいなと思います

「育休復帰支援プラン」を策定する

プランの策定で
就業環境が整う

「育休復帰支援プラン」とは、従業員の円滑な育児休業取得や休業後の職場復帰を会社が支援するために作成する計画書のことです。

育児休業の取得を希望している従業員が、円滑に休業の取得・職場復帰できるように、取得を希望する従業員に合わせたプランを定めるとよいでしょう。プランの策定マニュアルは厚生労働省が公開しています。

2ステップを経て
プランを作成

育休復帰支援プランは、2つのステップを経て、作成します。

ステップ1は、会社が実施すべき事項の確認です。従業員に対して法令に沿った対応をしているか、育児休業を取得しやすい職場環境が整備されているかなどをマニュアルにしたがってチェックし、職場環境の整備を進めます。

ステップ2は個別周知・意向確認です。従業員が安心して休業を取得し、職場復帰できるよう会社が支援を行います。

これらの2つのステップを経て職場環境と本人の意向を確認したうえで、育休復帰支援プランを策定します。策定項目は主に以下の4点です。
①休業前の対策
休業希望者の業務内容を把握し、職場のメンバーで業務を分担します。
②休業中の対策
休業中でも休業取得者と職場のメンバーがコミュニケーションを図れるよう工夫します。
③復帰後の対策
復帰後はこまめに面談を設けるなどして業務のサポートを行います。
④働き方の見直し
休業取得者がいるチームのメンバーの業務量を調整します。

育休復帰支援プランを策定するにあたり、担当者が1人しかいない、従業員同士で業務の進捗状況を把握できていないなど、職場環境の問題点が見つかるでしょう。プラン策定をきっかけに、多方面から職場環境の整備ができます。

第 7 章

電子申請と
届出状況の
確認・訂正手続き

申請や届出などの行政手続きの方法は、窓口申請だけ
に限りません。e-Gov電子申請を使い、インターネッ
トを経由させれば、手続きを簡略化することができま
す。第7章では、e-Govの簡単な操作方法から電子
申請の手続きが完了するまでの流れを解説します。

e-Gov電子申請手続き の概要

☑ **インターネットを通して職場や遠隔地から申請できる**
☑ **事前審査で認められれば、添付書類を省略することができる**

e-Gov電子申請システムとは

これまで社会保険や労働保険の手続きは、紙やCD・DVDで行っていましたが、自宅や会社のパソコンなどのインターネットを通して行うことができるようになりました。具体的には、「e-Gov（イーガブ）電子申請システム」と呼ばれる、総務省が運営するポータルサイトを利用します。

「e-Gov」では、社会保険の手続きのほかにも、各府省のホームページに掲載されている情報や、法令、**パブリックコメント**を検索することもできます。

主なメリットは2つです。1つ目は、窓口の開設時間にかかわらず、夜間や休日であっても24時間届出が可能な点です。「忙しく窓口に行く暇がない」という人も、簡単に届出をすることができます（一部、添付書類の郵送や窓口へ出向く必要がある場合があります）。2つ目は、コストや時間の削減が可能な点です。電子申請であれば郵送料がかかりません。

なお、e-Govで申請できる出産・育児に関する手続きは、雇用保険育児休業給付（育児休業給付金）などが挙げられます。

電子申請にはGビズIDの取得が便利

e-Gov電子申請システムを利用するためには、無料で取得できるGビズID等の取得が必要となります（e-Govで電子申請する際に、電子署名が必要な場合があります）。GビズIDは、1つのID・パスワードでe-Gov電子申請システムを始めとする多くの法人向け行政サービスにログインできるものです。これによって、無料で簡単に手続きを行えるようになったのです。

パブリックコメント
行政機関が政令や省令等を決めようとする際、あらかじめ政策案を公表し、国民から意見や情報を募ること。

▶ e-Gov電子申請のメリット

24時間どこでも届出できる　　　コストが削減できる

▶ e-Gov電子申請の流れ

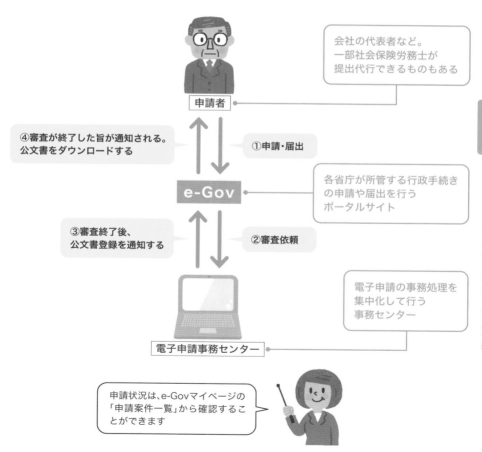

申請者

会社の代表者など。
一部社会保険労務士が
提出代行できるものもある

④審査が終了した旨が通知される。
公文書をダウンロードする

①申請・届出

e-Gov

各省庁が所管する行政手続き
の申請や届出を行う
ポータルサイト

③審査終了後、
公文書登録を通知する

②審査依頼

電子申請事務センター

電子申請の事務処理を
集中化して行う
事務センター

申請状況は、e-Govマイページの
「申請案件一覧」から確認するこ
とができます

Chapter7
02

gBizIDプライムを
すみやかに申請する

☑ Gビズ IDのアカウントを取得する
☑ 手続きに対応した認証局の証明書を取得する

📍 事業者向けのgBizIDプライムを取得する

　GビズIDのアカウントを取得して申請を行う場合、「gBizIDエ
ントリー」「gBizIDプライム」「gBizIDメンバー」の3種類のアカ
ウントがありますが、社会保険・労働保険の電子申請を行うには
事業者向けの「gBizIDプライム」の取得が必要です。

　申請方法は、GビズIDのホームページから申請書を作成後、
ダウンロードした申請書と印鑑証明書をGビズID運用センター
に郵送します。約1週間の審査期間があるため、余裕を持って申
請しましょう。

📍 電子証明書はICカード形式とファイル形式の2種類

　電子証明書は、電子申請をする際に、申請者が送信する電子デー
タの安全性を確保するもので、紙の届出書における「実印」に
相当します。GビズID以外のアカウントを使ってe-Gov電子申
請をする場合、原則としてこの電子証明書が必要となります。

　電子証明書が必要であれば、手続きに対応した認証局の証明書
を取得しましょう。金額の目安は、証明期間3カ月で発行手数料
1300円、6カ月で2300円程度となります（認証局によって異なる）。

　電子証明書は、電子証明をリーダーで読み取る「ICカード形式」
とパソコンにインストールして使用する「ファイル形式」があり
ます。ICカード形式の場合、カードリーダーを別途購入する必
要があるため、約1万円のコストがかかります。また、ICカード
にはコピーを防止する機能がありますが、ファイル形式の場合は、
複製ができてしまうため、なりすましや改ざんのリスクがある点
がデメリットといえます。

実印
地方自治体に印鑑登
録し、公的に認めら
れた印鑑。社会上の
権利や義務の発生を
伴い、法的な効力を
持つ。

認証局
電子証明書を発行す
る機関。電子上で身
元を確認し、本人証
明を行う。

▶ GビズIDの3種類のアカウント

すべての電子申請に対応

①gBizIDプライム

	利用者	アクセスできる行政サービス	書類審査
	会社の代表者や個人事業主	多数あり	あり

②gBizIDメンバー

	利用者	アクセスできる行政サービス	書類審査
	gBizIDプライムを取得している組織の従業員	限定される	なし

一部申請不可

③gBizIDエントリー

	利用者	アクセスできる行政サービス	書類審査
	事業をしている人	限定される	なし

雇用保険育児休業給付の申請時にはgBizIDプライムの取得を行いましょう

▶ 電子証明書のICカード形式とファイル形式の比較

ICカード形式	ファイル形式
・不正アクセスを未然に防げる ・頑丈で破損に強い	・不正アクセスや改ざんのリスクがある ・CDなどに移して格納する場合は破損する危険も

↓

セキュリティ面を考慮するとICカード形式がおすすめ

認証局によってはICカードリーダーを電子証明書とセットで販売しています

Chapter7 03

e-Govにログインして
電子申請の手続きを済ませる

☑ アカウントの準備とアプリのインストールを事前に済ませておく
☑ 添付書類の有無を確認する

電子申請の方法

e-Gov電子申請サービスへのログインには、e-Govアカウント
やGビズID、他認証サービスのいずれかのアカウントが必要で
す（240ページ参照）。アカウントの準備とブラウザを設定の上、
「e-Gov電子申請アプリケーション」のインストールを済ませて
おきましょう。

「e-Gov電子申請アプリケーション」は初回の利用時に2要素
認証設定が必要です。設定後、アプリを起動させ、「企業情報」
や「連絡先」を登録し、申請内容を入力しましょう。e-Govの利
用に不安がある場合は、「e-Gov電子申請システムを初めて使用
する方へ」に進み、パソコンの動作を確認することもできます。

準備が整ったら、「e-Gov電子申請」のホームページを開いて
申請を行います。ホームページを開いたら、「手続検索」タブを
選び、e-Govで受付可能な手続きを検索します。手続きが表示さ
れたら、右下の「申請書入力へ」をクリックします。基本情報を
設定し、申請様式にしたがって入力を行いましょう。

申請完了までの流れ

データの入力を終えたら、添付書類の確認をしましょう。添付
書類がある場合は、添付書類にも電子署名をして保存します。必
要なデータが揃ったら、提出先を選択後、「申請書送信」をクリッ
クし、データを送信します。申請が完了すると、画面に「到達
番号」が表示されるので必ず控えておきます。審査が終了したら、
登録したメールアドレス宛てに審査終了のメールが届くので、公
文書がある場合は、メールの指示にしたがってダウンロードしま
しょう。

公文書
政府や官庁などの公
務員が、職務権限に
基づいて作成した文
書のこと。

▶ e-Gov申請のデータ入力までの手順

アカウントの準備	インストールを済ませる
e-Govアカウント、GビズIDあるいは他認証サービスのいずれかのアカウントを準備	ブラウザの設定後、「e-Gov電子申請アプリケーション」のインストールをしておく

e-Govホームページを開く	→	アカウント作成とアプリのインストールをする	→	e-Gov申請書へデータを入力する	→

▶ データ入力後の流れ

1　添付書類を確認する

2　添付書類があれば、添付書類にも電子署名をして保存

3　「申請書送信」をクリック

4　データを送信

5　「到達番号」が表示される

6　登録したメールアドレス宛てに審査終了のメールが届く

7　メールの指示にしたがって公文書をダウンロード

「到達番号」を使って申請状況のチェックができます

Chapter7
04

これまでに申請した
届出状況を確認する

☑ 申請を行った後は、定期的に届出状況を確認する
☑ 提出期限が近付くとe-Gov電子申請からメールが発信される

これまでに申請した案件を確認する

さまざまな手続きをする中で、申請を間違えてしまうこともあるでしょう。申請内容のミスや漏れを発見したときは、早急に再提出や訂正の対応を取る必要があります。

申請を行ったあとは、定期的に届出状況を確認すると安心です。提出した申請や届出状況を確認するためには、まず「e-Gov電子申請」のホームページを開きます。「申請案件一覧」タブをクリックすると、これまでに申請した案件を一覧で確認できます。一覧の表示件数が多い場合は、ステータス、電子申請した期間などで絞り込みをしましょう。申請案件ごとの詳細を確認したいときは、「到達番号」をクリックしてください。

到達番号
電子申請が役所へ到達したとき、その申請に対して与えられる仕分番号。

e-Gov電子申請からのメールを受信する

e-Gov電子申請では、各段階ごとに登録したメールアドレス宛へメールが発信されます。メール受信の確認ができる環境を整えておきましょう。

なお、「取得期限が近づいている公文書のお知らせ」または「補正期限が近づいている申請案件のお知らせ」以外のメールを受信するためには、メール通知の受信設定を行う必要があります。

まず、「e-Gov電子申請」のマイページを開きます。画面右上にある利用者設定を選択して、「利用者設定変更」を表示しましょう。メール通知設定の初期状態は、「受信しない」に設定されているので、配信を希望する項目を「受信する」に変更します。最後に、内容を確認して「変更」をクリックすれば、メール通知の受信設定が完了します。

▶ e-Gov電子申請の「申請案件状況」画面

e-Gov電子申請ホームページ(https://shinsei.e-gov.go.jp/contents/help/guide/confirm)

▶ e-Gov電子申請から発信されるメール一覧

件名	内容
申請状況日次サマリー	前日分の到達件数をまとめたサマリー
申請案件進捗状況のお知らせ	申請案件のステータスやサブステータスに進展があったものの件数、発出された公文書などを約4時間ごとに報告
取得期限が近付いている公文書のお知らせ	取得期限が迫っている公文書を通知
手数料等納付のご案内	行政手数料等の納付情報や納付期限を通知
手数料等領収確認のお知らせ	行政手数料などの収納結果を通知
納付期限が近付いている未納手数料等のお知らせ	納付期限が迫っている納付情報を通知
補正期限が近付いている申請案件のお知らせ	補正期限が迫っている申請案件を通知

Chapter7 05

間違って届け出したときの訂正方法

☑ 不備があれば、行政機関から補正通知が発行される
☑ 申請案件によっては、取り下げできない場合もある

📍 提出後に補正を行う

間違った情報を届け出してしまったときは、訂正の届出が必要です。

提出した申請内容に不備が生じた場合、行政機関から「補正通知」が発行されます。「e-Gov電子申請」ホームページの「申請案件一覧」タブをクリックし、補正通知件数を確認しましょう。

補正通知が届いていれば、申請案件ごとに「メッセージ」タブを開きます。補正種別は、提出した申請内容の一部について訂正を求める「部分補正」と申請内容一式に対して「再提出」を求めるの場合の2つがあります。

右下の補正ボタンをクリックし、補正通知の内容にしたがって申請内容を訂正してください。補正した内容を確認し、提出ボタンをクリックすれば、提出が完了します。

📍 提出後に申請の取り下げを行う

申請後に、取り下げが必要になるケースもあるでしょう。申請を取り下げたいときも、「e-Gov電子申請」ホームページの「申請案件一覧」タブをクリックします。「申請案件状況」のステータスに表示されている、「申請取下げ」をクリックしましょう。

「取り下げ依頼」が表示されますので、「取り下げ依頼内容」に取り下げ依頼者氏名と取り下げ理由を入力します。申請時に、電子署名を使った場合は、取り下げ時も電子署名が必要です。

また、申請案件によっては、取り下げできない場合がありますので、注意が必要です。

電子署名
電子文書の作成者を証明することや、電子文書の内容が改ざんされていないことを保証するもの。

▶ 訂正の届出の流れ

補正通知件数を確認		部分補正か再提出を行う		補正内容の最終確認
e-Govホームページの「申請案件一覧」から修正が必要な件数をチェック	▶	申請案件ごとに「メッセージ」タブを開いて確認。一部訂正と一式を再提出する場合がある	▶	補正後提出ボタンを押すと提出になるため念入りに確認する

メッセージに記載されている再提出の期限を過ぎると再提出できなくなってしまいます

部分補正の場合
補正対象以外の箇所は修正できない

▶ 申請を取り下げるまでの流れ

申請取り下げ画面へ		依頼者名と理由を明記		電子署名を行う
「e-Gov電子申請」ホームページの「申請案件一覧」タブから入り「申請取下げ」をクリック	▶	「取り下げ依頼内容」に取り下げ依頼者氏名と取り下げ理由を入力	▶	申請時に電子署名を使っていれば電子署名も必要

MEMO
申請者のタイミングで訂正できない点に注意

申請したあとに、申請間違いや漏れに気付くことがあるでしょう。ただし、申請者の都合のよいタイミングで補正を行えない点に注意してください。申請内容を補正したい場合は、手続きの提出先に電話して相談しましょう。提出先が申請の補正を認めたとき、申請状況確認画面の「メッセージ一覧」に通知、補正ボタンが表示されます。このとき、初めて補正が可能になります。

育児・介護休業法に関するQ&A

2021年6月に改正された育児・介護休業法に関するポイントをまとめました。改正の目的や施行内容をより深く理解しましょう。

Q1　今回の改正の主な内容と施行日は？

A. 5つの改正内容が3段階に分けて施行されています

今回の改正の趣旨は「従業員の希望に応じて男女ともに仕事と育児などを両立できるようにする」という点にあります。

①育児休業を取得しやすい雇用環境整備および妊娠・出産の申出をした労働者に対する個別の周知・意向確認の措置の義務付け

②有期雇用労働者の育児・介護休業取得要件の緩和

③男性の育児休業取得促進のための子の出生直後の時期における柔軟な育児休業の枠組みの創設

④育児休業の分割取得

⑤育児休業の取得の状況の公表の義務付け

2022年4月1日から①と②が、2022年10月1日から③と④が、2023年4月1日から⑤が施行されています。

➡**32**ページ参照

Q2　「育休を取らない」という従業員にも意向確認は必要？

A. 妊娠・出産の申出があったすべての従業員に必要です

育児休業に関する制度などの周知および意向確認の措置は、たとえ従業員が周知や意向確認の措置が不要である旨の意思表示をしていた場合でも、会社は当該従業員に対して措置を講じなければなりません。本人または配偶者に関する妊娠・出産の申出があった従業員にはもれなく措置を講じる必要があるのです。

周知や意向確認の方法は、基本的には面談または書面の交付で行いましょう。従業員が希望した場合のみ、FAXやメールで行うことが認められています。

Q3 「育休を取らない」といっていた従業員から育児休業の申し出があったときは?

A. 申出をした従業員には取得させなければなりません

会社が従業員に育児休業の意向確認をした際に、従業員が「育児休業の取得の意向はない」と答えていたとしても、従業員は後から育児休業の申出を行うことができます。そして会社は適法な従業員からの育児休業申出を拒むことはできません。

Q4 出生時育児休業中の就業は必ず認めなければいけない?

A. 会社と従業員が合意した場合のみ就業できます

会社と従業員の合意した範囲内で、事前に調整したうえでの就業となるため、会社は必ず申出どおり認める必要はありません。出生時育児休業は2回に分割して取得できるなど制度の柔軟性が魅力ですが、休業中の就業に関しては会社と従業員過半数代表者等の間で労使協定を締結していることが前提です。具体的な手続きの流れは下記の通りです。
①従業員が就業してもよい場合は、会社にその条件を申し出る
②会社は従業員が申し出た条件の範囲内で候補日・時間を提示
③従業員が同意
④事業主が通知
出生時育児休業は育児休業給付金の対象となる制度ですが、就業日数が一定の水準を超えた場合は対象外となるので注意してください。

各種手続きに必要な書式の入手方法

育児休業の各種手続きでは、書式のフォーマットを使うとスムーズです。この
ページでは、主なフォーマットの入手先を紹介します。

厚生労働省の公開する規定例
就業規則への記載はもうお済みですか ―育児・介護休業等に関する規則の規定例― https://www.mhlw.go.jp/content/11909000/000685055.pdf
育児・介護休業に関する社内書類例
社内様式例 https://www.mhlw.go.jp/content/11909000/05.pdf
育児休業に関する申請・手続き全般
ハローワークインターネットサービス https://www.hellowork.mhlw.go.jp/insurance/insurance_childcareleave.html
各種申請を電子申請にて行う場合
e-Gov電子申請 https://shinsei.e-gov.go.jp/

◆ 読者特典 ◆

本書をご購入いただいた方は、特典としてワークルールブックを、Webからダウンロード
してご利用いただけます。以下の手順でご利用ください。

①技術評論社ホームページを開く

②アドレスバーに半角英数字で以下のURLを入力
　https://gihyo.jp/book/2023/978-4-297-13537-9/support/

※URLの入力の際には、半角・全角をご確認の上、お間違えのないようご入力ください。また、本ダウ
ンロードサービスは、予告なしに終了する場合がございます。あらかじめご了承ください。

監修紹介

ドリームサポート社会保険労務士法人

上場企業を含む約300社の企業の労務管理顧問を行う。労使トラブル対応、社内施策に関する制度設計・運用コンサルティング、各種研修、労務監査等、対応している業務は多岐にわたり、経験豊富な所属社労士による知恵を結集し、多角的視点でサポートにあたる。

■ 装丁　　　　井上新八
■ 本文デザイン　株式会社エディポック
■ 本文イラスト　植木美江
■ 担当　　　　土井清志
■ DTP　　　　竹崎真弓
　　　　　　　（株式会社ループスプロダクション）、
　　　　　　　株式会社D-TransPort
■ 取材協力　　関東菱油株式会社、株式会社スパイスボックス、
　　　　　　　GCストーリー株式会社
■ 執筆協力　　本宮鈴子
■ 編集　　　　出口夢々、神宮遥
　　　　　　　（株式会社ループスプロダクション）

図解即戦力

産休・育休の導入と実務が
これ1冊でしっかりわかる本

2023年6月20日　初版　第1刷発行

著　者　女性と男性の働き方研究会
監　修　ドリームサポート社会保険労務士法人
発行者　片岡　巖
発行所　株式会社技術評論社
　　　　東京都新宿区市谷左内町21-13
　　　　電話　　03-3513-6150　販売促進部
　　　　　　　　03-3513-6160　書籍編集部
印刷／製本　株式会社加藤文明社

Ⓒ2023　株式会社ループスプロダクション

◆ お問い合わせについて

・ ご質問は本書に記載されている内容に関するもののみに限定させていただきます。本書の内容と関係のないご質問には一切お答えできませんので、あらかじめご了承ください。
　電話でのご質問は一切受け付けておりませんので、FAXまたは書面にて下記問い合わせ先までお送りください。また、ご質問の際には書名と該当ページ、返信先を明記してくださいますようお願いいたします。

・ お送りいただいたご質問には、できる限り迅速にお答えできるよう努力いたしておりますが、お答えするまでに時間がかかる場合がございます。また、回答の期日をご指定いただいた場合でも、ご希望にお応えできるとは限りませんので、あらかじめご了承ください。

・ ご質問の際に記載された個人情報は、ご質問への回答以外の目的には使用しません。また、回答後は速やかに破棄いたします。

◆ お問い合わせ先

〒162-0846
東京都新宿区市谷左内町21-13
株式会社技術評論社　書籍編集部
「図解即戦力
産休・育休の導入と実務が
これ1冊でしっかりわかる本」係
FAX：03-3513-6167

技術評論社ホームページ
https://book.gihyo.jp/116